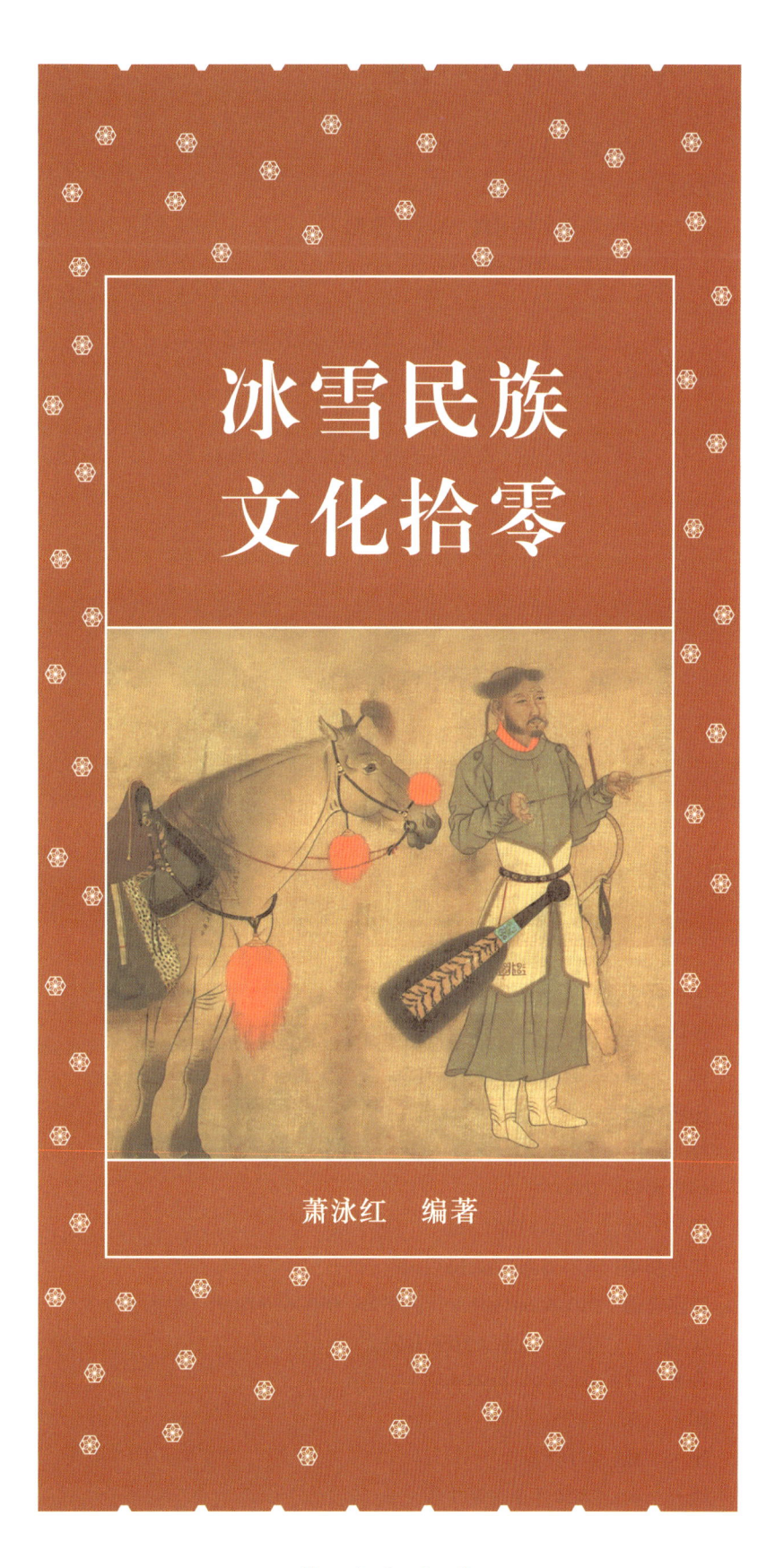

中·华·冰·雪·文·化·图·典

冰雪民族
文化拾零

萧泳红 编著

学苑出版社

图书在版编目（CIP）数据

冰雪民族文化拾零 / 萧泳红编著 . —北京：学苑出版社，2024.1

（中华冰雪文化图典 / 张小军主编）

ISBN 978-7-5077-6493-2

Ⅰ.①冰… Ⅱ.①萧… Ⅲ.①冰—民族文化—研究—中国②雪—民族文化—研究—中国 Ⅳ.① K28

中国版本图书馆 CIP 数据核字（2022）第 167685 号

出 版 人：洪文雄
责任编辑：杨　雷　张敏娜
编　　辑：李熙辰　李欣霖
出版发行：学苑出版社
社　　址：北京市丰台区南方庄 2 号院 1 号楼
邮政编码：100079
网　　址：www.book001.com
电子邮箱：xueyuanpress@163.com
联系电话：010-67601101（营销部）、010-67603091（总编室）
印 刷 厂：中煤（北京）印务有限公司
开本尺寸：889 mm×1194 mm　　1/16
印　　张：12.25
字　　数：171 千字
版　　次：2024 年 1 月第 1 版
印　　次：2024 年 1 月第 1 次印刷
定　　价：98.00 元

《中华冰雪文化图典》编委会

主　编： 张小军　洪文雄

副主编： 方　征　雷建军

编　委：（按姓氏笔画排序）

王卫东　王建民　王建新　王铁男　扎西尼玛
方　征　白　兰　吕　植　任昳霏　任德山
李作泰　李　祥　杨宇菲　杨福泉　吴雨初
张小军　单兆鉴　居·扎西桑俄　洪文雄
洛桑·灵智多杰　高煜芳　郭　净　郭　磊
萧泳红　章忠云　梁君健　董江天　雷建军
潘守永

人类的冰雪纪年与文化之道（代序）

人类在漫长的地球演化史上一直与冰雪世界为伍，创造了灿烂的冰雪文化。在新仙女木时期（Younger Dryas）结束的1.15万年前，气候明显回暖，欧亚大陆北方人口在东西方向和南北方向形成较大规模的迁徙。从地质年代上，可以说1.1万年前的全新世（Holocene）开启了一个气候较暖的冰雪纪年。然而，随着工业革命以来人类对自然环境的破坏，"人类世（The Anthropocene）"概念惨然出现，带来了又一个新的冰雪纪年——气候急剧变暖、冰雪世界面临崩陷。人类世的冰雪纪年与人类活动密切相关，英国科学家通过调查北极地区海冰融化的过程，预测北极海冰可能面临比以前想象更严峻的损失，最早在2035年将迎来无冰之夏。197个国家于2015年通过了《巴黎协定》，目标是将21世纪全球气温升幅限制在2℃以内。冰雪世界退化是人类的巨大灾难，包括大片土地和城市被淹没、瘟疫、污染等灾害大量出现，粮食危机和土壤退化带来生灵涂炭。因此，维护世界的冰雪生态，保护人类的冰雪家园，正在成为全世界的共识。

中华大地拥有世界上最为丰富的冰雪地理形态分布，中华冰雪文化承载了几千年来博大精深的优秀传统文化，蕴含着人类冰雪文化基因图谱。在人类辉煌的冰雪文明中，中华冰雪文化是生态和谐的典范。文化生态文明的核心价值是人类与自然之间的文化多样性共生、文化尊重与包容。探讨中华冰雪文化的思想精髓和人文精神，乃是冰雪文化研究的宗旨与追求。《中华冰雪文化图典》是第一次系统研究中华冰雪文化的成果，分为中华冰雪历史文化、雪域生态文化和冰雪动植物文化三个主题共15本著作。

一

中华冰雪历史文化包括古代北方的冰雪文化、明清时期的冰雪文化、民国时期的冰雪文化、冰雪体育文化和中华冰雪诗画。

古代北方冰雪文化的有据可考时在旧石器时代晚期到新石器时代前期。在贝加尔湖到阿尔泰山的欧亚大陆地区，曾发现多处描绘冰雪狩猎的岩画。在青藏地区以及长白山和松花江流域等东北亚地区，也发现了许多这个时期表现自然崇拜和动植物生产的岩画。考古学家曾在阿勒泰市发现了一幅约1万年前的滑雪岩画，表明阿勒泰地区是古代欧亚大陆冰雪文化的重要起源地之一。关于古代冰雪狩猎文化，《山海经·海内经》早有记载，且见于《史记》《三国志》《北史》《通典》《隋书》《元一统志》等许多古籍。古代游牧冰雪文化在新疆的阿尔泰山、天山、喀喇昆仑山三大山脉和准噶尔、塔里木两大盆地尤为灿烂。丰富的冰雪融水和山地植被垂直带形成了可供四季游牧的山地牧场，孕育了包括喀什、和田、楼兰、龟兹等20多个绿洲。古代冰雪文化特有的地缘文明还形成了丝绸之路和多民族交流的东西和南北通道。

明清时期冰雪文化的特点之一是国家的冰雪文化活动，特别是宫廷冰嬉，逐渐发展为国家盛典。乾隆曾作《后哨鹿赋》，认为冰嬉、哨鹿和庆隆舞三者"皆国家旧俗遗风，可以垂示万世"。冰嬉规制进入"礼典"则说明其在礼乐制度中占有重要位置。乾隆还专为冰嬉盛典创作了《御制冰嬉赋》，将冰嬉归为"国俗大观"，命宫廷画师将冰嬉盛典绘成《冰嬉图》长卷。面对康乾盛世后期的帝国衰落，如何应对西方冲击，重振国运，成为国俗运动的动力。然而，随着国运日衰，冰嬉盛典终在光绪年间寿终正寝，飞驰的冰刀最终无法挽救停滞的帝国。

民国时期的冰雪文化发生在中国社会的巨大转型之下，尤其体现在近代民族主义、大众文化、妇女解放和日常生活之中。一些文章中透出滑冰乃"国俗""国粹"之民族优越感，另一类滑冰的民族主义叙事便是"为国溜冰！溜冰抗日！"使我们看到冰雪文化成为一种建构民族国家的文化元素。与之不同，在大众文化领域，则是东西方文化非冲突的互融。如北平的冰上化装舞会等冰雪文化作为一种日常生活的文化实践，在东方与西方、传统与现代、精英与百姓、国家与民众的文化并接过程中扮演了重要的角色，形成了中西交融、雅俗共赏、官民同享的文化转型特点。

近代中国社会经历了殖民之痛，一直寻求着现代化的立国之路。新文化运动后，舶来的"体育"概念携带着现代性思想开始广泛进入学校。当时清华大学、燕京大学、南开大学等均成立了冰球队，并在与外国球队比赛中取得不俗战绩。1949年新中国成立后，"发展体育运动，增强人民体质"成为"人民体育"发展的基本原则，广泛推动了工人、农民和解放军的冰雪体育，为日后中国逐渐跻身冰雪体育强国奠定了基础。

中华冰雪诗画是一道独特的风景线。早在新石器和夏商周时代，已经有了珍贵的冰雪岩画。唐宋诗画中诗雪画雪者很多，唐代王维的《雪中芭蕉图》是绘画史上的千古之争，北宋范宽善画雪景，世称其"画山画骨更画魂"。国家兴衰牵动许多诗画家的艺术情怀，如李白的《北风行》写出了一位思念赴长城救边丈夫的妇人心情："……箭空在，人今战死不复回。不忍见此物，焚之已成灰。黄河捧土尚可塞，北风雨雪恨难裁。"表达了千万个为国上战场的将士家庭，即便能够用黄土填塞黄河，也无法平息心中交织的恨与爱。

二

雪域生态文化包括冰雪民族文化、青藏高原山水文化、卡瓦格博雪山与珠穆朗玛峰。

中华大地上有着世界之巅珠穆朗玛峰和别具冰雪文化生态特点的青藏雪域高原；有着西北阿尔泰、天山山脉和祁连山脉；有着壮阔的内蒙古草原和富饶的黑山白水与华北平原；有着西南横断山脉。雪域各族人民在广袤的冰雪地理区域中，创造了不同生态位下各冰雪民族在生产、生活和娱乐节庆等方面的冰雪文化，如《格萨尔》史诗生动描述的青稞与人、社会以及多物种关系的文化生命体，呼唤出"大地人（autochthony）"的宇宙观。

青藏高原的山水文化浩瀚绵延，在藏人的想象中，青藏高原的形状像一片菩提树叶，叶脉是喜马拉雅、冈底斯、唐古拉、巴颜喀拉、昆仑、喀喇昆仑和祁连等连绵起伏的山脉，而遍布各地的大大小小的雪山和湖泊，恰似叶片上晶莹剔透的露珠，在阳光的照耀下熠熠生辉。青藏高原上物种丰富的生态多样性体现出它们的"文化自由"。人类学家卡斯特罗（E. de Castro）曾提出"多元自然论（multinaturalism）"，反思自然与文化的二元对立，强调多物种在文化或精神上的一致性，正是青藏高原冰雪文化体系的写照。

卡瓦格博雪山（梅里雪山）最令世人瞩目的是其从中心直到村落的神山体系。如位于卡瓦格博雪峰西南方深山峡谷中的德钦县雨崩村，是卡瓦格博地域的腹心地带，有区域神山3座，地域神山8座，村落神山15座。卡瓦格博与西藏和青海山神之间还借血缘和姻缘纽带结成神山联盟，既是宗教的精神共同体，也是人群的地域文化共同体。如此无山不神的神山体系，不仅是宇宙观，也是价值观、生活观，是雪域高原人类的文明杰作。

珠穆朗玛峰白雪皑皑的冰川景观，距今仅有一百多万年的历史。然而，近半个世纪来，随着全球变暖，冰川的强烈消融向人类敲响了警钟。从康熙年间（1708—1718）编成《皇舆全览图》到珠峰出现在中国版图上，反映出中西方相遇下的帝国转型和主权意识萌芽。从西方各国的珠峰探险，到英国民族主义的宣泄空间，再到清王朝与新中国领土主权与尊严的载体，珠峰"参与"了三百年来人与自然、科技与多元文化的碰撞，成为世人瞩目的人类冰雪文化的历史表征。今天，世界屋脊的自然生态和文化生态保护形势异常严峻，拉图尔（B. Latour）曾经这样回答"人类世"的生态难题：重新联结人类与土地的亲密关系，倾听大地神圣的气息，向自然万物请教"生态正义（eco-justice）"，恭敬地回到生物链上人类应有的位置，并谦卑地辅助地球资源的循环再生。

三

冰雪动植物文化包括青藏高原的植物、猛兽以及牦牛、藏鸦、猎鹰与驯鹿。

青藏高原的植物充满了神圣性与神话色彩。如佛经中常说到睡莲，白色睡莲象征慈悲与和平，黄色睡莲象征财富，红色睡莲代表威权，蓝色睡莲代表力量。青藏高原共有维管植物1万多种，有菩提树、藏红花、雪莲花、格桑花等国家一级保护植物和珍贵植物品种。然而随着环境的恶化和滥采乱挖，高原的植物生态受到严重威胁，令人思考罗安清（A. Tsing）在《末日松茸》中提出的一个严峻问题：面对"人类世"，人类如何"不发展"？如何与多物种共生？

在青藏高原的野生动物中，虎和豺被世界自然保护联盟列为等级"濒危"的物种，雪豹、豹、云豹和黑熊被列为"易危"物种。在"文革"期间及其之后的数十年中，高原猛兽一度遭到大肆捕杀。《可可西里》就讲述了巡山队员为保护藏羚羊与盗猎分子殊死战斗的故事，先后获得第17届东京国际电影节评委会大奖以及金马奖和金像奖，反映出人们保护人类冰雪动物家园的共同心向。

大约在距今200万年的上新世后半期到更新世，原始野牦牛已经出现。而在7300年前，野牦牛被驯化成家畜牦牛，成为人类生产、生活的重要伙伴。《山海经·北山经》有汉文关于牦牛最早的记载。牦牛的神圣性体现在神话传说中，如著名的雅拉香波山神、冈底斯山神等化身为白牦牛的说法；中华民族的母亲河长江，藏语即为"母牦牛河"。

青海藏南亚区位于青藏高原东南部边缘，地形复杂，多南北向深切河谷，植被垂直变化明显，几百种鸟类分布于此。特别在横断山脉及其附近高山区，存在部分喜马拉雅—横断山区型的鸟类，如雉鹑、血雉、白马鸡、棕草鹛、藏鸦等。1963年，中国科学院西北高原生物研究所科考队在玉树地区首次采集到两号藏鸦标本。目前，神鸟藏鸦的民间保护已经成为高原鸟类保护的一个典范。

在欧亚草原游牧生活中，猎鹰不仅是捕猎工具，更是人类情感的知心圣友。哈萨克族民间信仰中的"鹰舞"就是一种巴克斯（巫师）通鹰神的形式。哈萨克族人民的观念当中，鹰不能当作等价交换的物品，其价值是用亲情和友情来衡量的。猎鹰文化浸润在哈萨克族、柯尔克孜族牧民的生活中，无论是巴塔（祈祷）祝福词，还是婚礼仪式，以及给孩子起名，或欢歌乐舞中，都有猎鹰的影子。

驯鹿是泰加林中的生灵，"使鹿鄂温克"在呼伦贝尔草原生存的时间已有数百年。目前，北极驯鹿因气候变暖而大量死亡，我国的驯鹿文化也因为各种环境和人为原因而趋于消失，成为一种商业化下的旅游展演。费孝通的"文化自觉"，正是对禁猎后的鄂伦春人如何既保护民族文化又寻求生存发展所提出的："文化自觉"表达了世界各地多种文化接触中引起的人类心态之求。"人类发展到现在已开始要知道我们各民族的文化是哪里来的？怎样形成的？它的实质是什么？它将把人类带到哪里去？"

相信费孝通的这一世纪发问，也是对人类世的冰雪纪年"怎样形成？实质是什么？将把人类带向哪里？"的发问，是对人类冰雪文化"如何得到保护？多物种雪域生命体系如何可持续生存？"的发问，更是对人类良知与人性的世纪拷问！

《中华冰雪文化图典》丛书定位于具有学术性、思想性的冰雪文化普及读物，尝试展现中华优秀传统冰雪文化和冰雪文明的丰厚内涵，让"中华冰雪文化"成为人类文化交流互通的使者，将文明对话的和平氛围带给世界。以文化多样性、文化共生等人类发展理念促进人类和平相处、平等协商，共同建立美好的人类冰雪家园。

本丛书由清华大学社会科学学院人类学与民族学研究中心组织的"中华冰雪文化研究团队"完成。为迎接 2022 年北京冬季奥运会，2021 年底已先期出版了精编版四卷本《中华冰雪文化图典》和中英文版两卷本《中华冰雪运动文化图典》。本丛书前期得到北京市社科规划办、清华大学人文振兴基金的支持，谨在此表示衷心的感谢！并特别向辛勤付出的"中华冰雪文化研究团队"全体同人、学苑出版社的编辑人员表示深深的谢意！感谢大家共同为中华冰雪文化研究做出的努力和贡献！

张小军

于清华园

2023 年 10 月

前　言

中华民族有着博大精深的冰雪文化，中华大地上有着世界最高峰珠穆朗玛峰和最具有冰雪文化生态特点的喜马拉雅雪域高原，各族人民在这片世界上最为丰富的冰雪地理区域中，创造了灿烂的冰雪文化，并形成了多元的冰雪文化生态区。本书主要探讨与冰雪共存的"冰雪民族"在传统生产、生活中孕育而生的冰雪文化。

在生产方面，冰雪民族冬捕、冬猎的历史非常悠久，如著名的查干湖冬捕、大兴安岭和呼伦贝尔大草原的狩猎等，锡伯族的弓箭手也十分有名；游牧在生产生活中也占有较大比重，他们饲养牛、羊、骆驼、骏马、驯鹿等牲畜，一些地区的牧民会按季节转场，带着他们的牲畜，随季节迁移，选择合适的居住、生活环境；农耕方面，冰雪民族喜植大麦、小麦、胡麻、糜、青稞等作物，且这些作物的种植历史已非常悠久。

在服饰方面，冰雪民族传统上大多以狩猎、捕鱼和游牧为主，因此，他们会使用猎得的野兽皮毛制作衣服来抵御寒冷天气。著名的"鱼皮部落"赫哲族，会把所捕得的大鱼剥皮，制成鱼皮衣裤、帽子、手套和乌拉等。也有部分冰雪民族使用桦皮、麻皮、棉花、火草等植物制作服饰，独龙族著名的"独龙毯"就是用植物织布，并用野生植物浸染而成的。

在居住方面，冰雪民族也各有特色，如东北一带的"仙人柱"（"撮罗子"）和木刻楞，大草原的蒙古包和毡房，新疆的图瓦木屋群和高台民居，黄土高原的窑洞，青藏高原上的藏羌寨、碉楼和道孚民居，以及帕米尔高原上的石头寨等。这些居住空间都非常有特色，不仅能帮助冰雪民族度过严寒天气，还凸显了冰雪民族的建筑智慧。

在饮食方面，冰雪民族的食物获取主要采用狩猎、畜牧和农耕等多种方式。以狩猎为主要生产方式的，如鄂伦春族、鄂温克族、达斡尔族、满族等冰雪民族，以兽肉为主要食物，除了熏、烤以外，也会把肉制成肉干。鄂温克族、鄂伦春族、蒙古族、维吾尔族等喜爱手把肉或烤全羊。以渔猎为主要生产方式的赫哲族有吃生鱼的习惯，鱼皮、鱼子、鱼骨等都分别有不同的吃法。不少冰雪民族在冬天都会进行"冬宰"，把饲养的牛、马、羊等牲畜宰杀后进行加工，以备在冬天食用，如哈萨克族的冬宰，会把马肉制成熏马肉、马肠；蒙古族、藏族，会把宰杀的牛羊制成风干肉。奶制品也是游牧冰雪民族的生活中不可或缺的重要部分：奶茶、奶疙瘩、酸奶、奶油、黄油、奶酪、酥油、马奶酒、奶豆腐、奶皮子等。此外，在主食方面，面类如黏豆包、烤列巴、烤馕等，谷物类如大米、大麦、小麦、青稞等；酒类方面，东北白酒、米酒、草原马奶酒、西域葡萄酒、青藏青稞酒等，都是冰雪民族生活中的必需品。

在体育娱乐方面，冰雪民族有滑雪、滑冰和玩爬犁，也有射箭、射击、赛马、赛骆驼、叼羊、赛牦牛等，还会举办曲棍球、马球等的冰上球类活动，还有如打冰嘎等冰上小游戏。

在节庆活动方面，呼伦贝尔大草原的冰雪民族，每逢冬天都会一同举办冬季那达慕，他们穿着各自的民族服饰，参与祭祀仪式，以及各种民间竞技活动和文艺表演。

冰雪崇拜是冰雪民族共有的文化现象，满族地区的雪祭仪式由萨满主持，希望雪神可以保佑族人平安；满族每年正月十六都会举行的轱辘冰活动，也是为了祛除疾病，妇女们会在雪地上翻滚和互相嬉戏，意味祛除晦气，希望接下来一年能健康平安；藏族地区有著名的转山仪式，是藏民表达修行和对山神崇拜的一种形式。

本书所指的"冰雪民族"，是从历史、人口和地理几方面定义，

"冰雪民族"文化历史悠久、底蕴丰厚。各个冰雪民族生活在不同的高山、平原、森林、河流、峡谷或沙漠，在不断迁徙和发展的过程中，都保持着文化上各自的古朴纯真，充满着与冰雪共生的智慧，产生了丰富多彩的文化形态。本书无力对中国博大精深的冰雪民族文化进行系统的梳理，谨以文化"拾零"来与大家分享中国冰雪文化的深厚和伟大。

萧泳红

2021 年 9 月 21 日

目录

第一章　冰雪文化生态区　　001

第一节　东北冰雪文化生态区　　006

第二节　华北冰雪文化生态区　　011

第三节　西北冰雪文化生态区　　017

第四节　西南冰雪文化生态区　　026

第二章　冰雪民族生产类型　　034

第一节　捕鱼/狩猎型冰雪文化　　040

第二节　游牧型冰雪文化　　049

第三节　农耕型冰雪文化　　064

第三章　冰雪民族服居饮食	070
第一节　冰雪民族的服饰文化	070
第二节　冰雪民族的居住文化	083
第三节　冰雪民族的饮食文化	104
第四章　冰雪民族娱乐节庆	129
第一节　冰雪民族的娱乐活动	131
第二节　冰雪民族的节庆活动	149
后　记	177

第一章
冰雪文化生态区

中国地势西高东低，大致呈阶梯状分布。"世界屋脊"青藏高原平均海拔4000米以上，环绕着青藏高原的有云贵高原、黄土高原和内蒙古高原，东部是平原和丘陵。

青藏高原东部至祁连山，再到鄂尔多斯高原的东面至阴山山脉，再至大兴安岭东面的辽河中上游，这条分界线为农牧分界线，该线的西部是牧区，东部是农区，两个区域间的过渡地带是农牧交错带。在漫长的历史进程中，太多冰雪民族都在农牧分界线的西北部生息繁衍。本书根据冰雪地理的文化特点以及为论述的方便，粗略地将中国的冰雪文化区分为东北、华北、西北和西南四大区域。

文化与环境的关系早在20世纪已有不少学者在思考，并提出了"文化区"的概念，意思是把一部分文化属性一致的文化人群纳入在同一"文化区"内，一个"区域"即一个"环境"，因此"文化在环境中"的关系，成了不少学者的研究问题，"文化区"为文化生态学做出巨大的贡献。

美国人类学家威斯勒（C. Wissler）在其 *The American Indian*（1917）一书中，根据"文化特质"（culture traits）在不同区域的分布，把美国印第安文化区分为15个领域、10个北美文化区和5个南美文化区，当中包括有平原区、高原区、加利福尼亚区、西北海岸区、爱斯基摩区、麦康时区、东部森林区、东南区和西南区等。他认

图 1-1　喀喇昆仑山脉

（Dmitry P 摄影，CC BY 2.0, https://flic.kr/p/742nTJ）

第一章 冰雪文化生态区

△ 图1-2 新疆西北部禾木村

(Michael Lee 摄影,https://unsplash.com/photos/_T3ATEdebgc)

处于农牧分界线西北的民族,由于地处寒冷地区和高海拔地区,加之冰雪季节较长。高山峡谷、森林河流、草场湖泊、荒漠沙海使生活在这些地区的各民族形成了以采集、狩猎和游牧为主的生存方式,同时形成了多元的冰雪文化

为，文化是一个按地域分布的综合整体。[1]与威斯勒同一师门，同是研究北美原住民的克鲁伯（A. Kroeber）在其 *Cultural and Natural Areas of Native North America*（1939）一书中指出了各种文化在空间中分布的概况，并把北美的文化区分为亚文化区、文化区和大文化区三个层次，然后把自然区域与几个不同层次的文化区联合起来，他发现，社会组织和生态间有重要且紧密的联系，克鲁伯认为文化扎根在自然之中，而文化现象出现的直接原因也是由于其他文化现象。[2]而受上述理论及发现影响的人类学家斯图尔德（J. Steward）在其 *Theory of Culture Change*（1955）中提出了"文化生态学"，并指出一个民族在其特殊历史过程中的生态系统和文化传播，都会对文化变迁发挥深远的影响，但这三方面的作用又不会同时或同等地发挥影响，而是在不同的场域，分别发挥各自不相同的影响，一个民族所处的生态环境与所形成的特殊文化特质有着密切的联系。[3]

冰雪民族根据季节的变化和自然环境的生态特征形成了可持续的生产生活方式，并以某种方式进行传承，使自身得到延续和发展。冰雪民族的文化是人们为了适应寒冷季节，形成的与自然生态环境相适应的智慧和经验的总结，其人与自然和谐共生的生态学思想对人类的发展具有启示作用。

1　C. Wissler: *The American Indian; An Introduction to the Anthropology of the New World - Scholar's Choice Edition*, 2015, Creative Media Partners, LLC.

2　A. Kroeber: *Cultural and Natural Areas of Native North America*, 1939, University of California Press.

3　J. Steward: *Theory of Culture Change: The Methodology of Multilinear Evolution*, 1972, University of Illinois Press.

第一节　东北冰雪文化生态区

东北地区主要包括黑龙江省、吉林省和辽宁省，以及邻近的内蒙古自治区下辖呼伦贝尔、兴安盟、赤峰市和通辽市。东北有相当多的古代人类活动遗址，旧石器时代初的遗址散布于松花江和辽河，遗址的文化类型完全符合山顶洞人和北京猿人的基本特征，原始部落经过迁徙和融合，在地域因素影响下，形成了许多分支，发展出多元民族文化。

东北平原地理位置得天独厚，在白山黑水之间的广袤无垠的黑土地，是东北农耕文明的根。东北平原介于大兴安岭、小兴安岭、长白山之间，主要由三江平原、松嫩平原和辽河平原三个平原组成，环山绕水、沃野千里，资源十分丰富，孕育了以农耕为主、畜牧为辅的经济生产形态，并孕育了极具地域特点的农耕文化，农耕业的发达使得东北平原地区人们生活较为富足。大兴安岭地区的冰雪民族从事狩猎

▽ 图1-3
鄂伦春人与他的驯鹿和孩子
（He установлен 摄影，http://www.alib.ru/）
达斡尔族、鄂伦春族、鄂温克族和赫哲族等冰雪民族主要生活在东北地区

活动，逐渐形成狩猎文化，并一直传承下来，时至今日，虽大多数人已经迁居到牧业和农业地区，但固有的狩猎文化却保留下来，其在艺术形式方面也有明显的地域和民族特征。

东北地区冬季时间长、冰雪资源丰富，拥有冰雪文化的天然优势，大部分地区冬季降雪天数多，年均降雪时间在两个月以上，积雪厚度可达40—50厘米，其中，黑龙江省处于温带大陆性与寒温带大陆性季风气候，冬季漫长，每年平均气温在零摄氏度以下的月份接近6个月。

黑龙江省的亚布力镇和吉林的长白山拥有最好的冰雪资源。长白山区每年的降雪期超过7个月，降雪量大，雪又软又厚。此外，这些地区多低山丘陵地形，适宜开展冰雪运动，为东北先民开展冰雪运动提供了得天独厚的条件。相比于黑龙江省和吉林省，辽宁省冬季气温要高一些。

▶ 图1-4　满族人
［p.314 of "Review of reviews and world's work"（1890），New York Review of Review Corp］

东北冰雪民族长期处于严寒之下，在这种自然环境下，各民族长期在生活实践中创造出了灿烂的冰雪文化，他们的生活、生产和娱乐与冰雪结下不解之缘，他们对冰雪情有独钟，不惧怕严寒的冰雪，积累出许多与冰雪共存的生活经验。

满族的先祖以古代女真人为主体，世代居住在气候寒冷的东北地区，那里河流众多、森林茂盛、鱼类和动植物等自然资源丰富，由此决定了他们采集、捕鱼的生活方式。

历史悠久的锡伯族是个不断迁徙的冰雪民族，他们的先祖是古代的鲜卑人。锡伯族的先祖属东胡系，他们带着鲜卑文化一路往南，与蒙古、女真和契丹等有不少交往。他们清代为满-通古斯语族系统，也与哈萨克、维吾尔和俄罗斯文化相融。现时，锡伯族主要分布在新疆和东北地区，其中，一部分人仍会使用自己的语言、文字，保留着纯正的风俗习惯。

◀ 图 1-5
狩猎的锡伯族人
（王德均 摄影，韩连赟 供图）
古老的冰雪民族锡伯族，常骑上骏马，在深山老林狩猎野兽飞禽

△ 图1-6　鄂伦春族人

（https://www.wdl.org/en/item/19654/, World Digital Library）

鄂伦春族的祖先生活在黑龙江中、上游一带，曾有"林中百姓""北山野人"之称

　　相传，17世纪中叶前，鄂伦春人分布在黑龙江以北、贝加尔湖以东，以精奇里江为中心的一带，后迁移到大小兴安岭和嫩江流域一带游猎。鄂伦春族逐野兽而迁徙，世代以游猎维生，形成独特的居住文化。1949年以后的一段时间，鄂伦春族的生产生活方式仍与原始社会末期的村社发展形式相近，因此，鄂伦春族的居住文化对研究人类早期的生产生活方式有"活化石"意义。现时，鄂伦春族人主要分布在黑龙江省逊克县、呼玛县、嘉荫县、爱辉县，内蒙古自治区呼伦贝尔布特哈旗、莫力达瓦达斡尔族自治旗、鄂伦春自治旗等地。

　　鄂温克族主要分布在内蒙古和黑龙江，"鄂温克"是他们的自称，意思是"住在大山林中的人们"。鄂温克人在17世纪中叶时分为三支：一支生活在外兴安岭，以及石勒喀河至精奇里江一带，他们称为"索伦本部"；另外两支在贝加尔湖以东，分别驯养马和驯养鹿，以"索伦部"见称。沙俄入侵时期，他们迁移到嫩江支流和大兴安岭

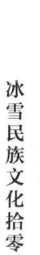

◁ 图1-7 鄂温克族人

鄂温克族人的祖先居住在黑龙江上游山林和贝加尔湖以东一带，主要从事饲养驯鹿

（https://hdl.loc.gov/loc.ndlpcoop/mtfxph.eet0125）

一带生活。据鄂伦春自治旗人民政府资料，清朝在1732年时，从布特哈地区抽调鄂温克兵丁1600多名，与其家属迁移到呼伦贝尔，他们的后裔便是今天生活在鄂温克旗的鄂温克族人。现时，鄂温克族主要聚居在内蒙古呼伦贝尔鄂温克旗，散居在额尔古纳左旗、陈巴尔虎旗、阿荣旗、莫力达瓦旗、扎兰屯市和黑龙江讷河县等地，多与达斡尔、蒙古、鄂伦春等民族杂居。

◁ 图1-8 赫哲族人在冰面上使用狗拉雪橇

（Jackson, William Henry, photographer. Man standing beside 5 Goldi women and children on dog sledge. Amur River China Russia, 1895. Nov. Photograph. https://www.loc.gov/item/2004708040/.）

△ 图1-9 居住在吉林延边的朝鲜族人

(Michael Arnold, China's Yanbian: the "third Korea", Oi Vietnam, 2015-06-12: https://oivietnam.com/2015/06/chinas-yanbian-the-third-korea/)

赫哲族与东北古时的"挹娄""肃慎""靺鞨""勿吉"等族群有相当的联系。赫哲在清代生活在松花江、乌苏里江和黑龙江，他们以渔猎为主要生产方式，有丰富的历史文化内涵。现在，赫哲族仍主要居住在松花江、乌苏里江和黑龙江一带，也散居在黑龙江八岔赫哲族民族乡、佳木斯市郊区的敖其镇敖其赫哲族村、同江市的街津口赫哲族乡和饶河县的四排赫哲族民族乡等地。

在东北地区生活的朝鲜族人是百多年前逐步从朝鲜半岛迁移到来的，最初生活在鸭绿江一带，直至19世纪末才开始广受关注。1952年，吉林省成立了最大的朝鲜族聚居地：延边朝鲜族自治州。

第二节　华北冰雪文化生态区

华北地区在地理分界线上一般是指秦岭-淮河线以北，以及长城以南的区域，包括北京市、天津市、河北省、山西省和内蒙古自治区的部分地区，有广阔的华北平原、太行山、燕山山脉。

京津冀地区属于暖温带半湿润大陆性季风气候，四季分明，冬季有雪、大风寒冷，居住在这里的民族主要有汉族、满族、回族、蒙古族等。山西省地处黄土高原以东，太行山以西，位于中纬度地带的内陆地区，属温带大陆性季风气候，四季分明，日照和雨量充足，冬季寒冷有雪。全省大部分地区海拔在1500米左右，最高点为五台山主峰叶斗峰，也是华北最高峰，海拔超过3000米。居住在山西的民族主要有汉族、回族、满族和蒙古族等。

内蒙古是中国第三大省区，以温带大陆性季风气候为主，年平均气温零下3—9摄氏度，气温由西南向东北递减。受海陆和地形因素影响，不同地区的积雪状况也不一样：年积雪日数7—173天，积雪厚度6—80厘米不等，当中锡林浩特东北部、阿尔山和呼伦贝尔等地积雪期最长。内蒙古有1000多条河流，约1000个湖泊和71座水库。森林主要分布在贺兰山、阴山、燕山以北和大兴安岭等多个山区。

内蒙古是重要的生态屏障，属东南沿海干旱半干旱气候，湿润半湿润季风气候的过渡带，它也是全球变化最敏感的地区之一。全国草原总面积中，内蒙古的大草原占了超过一成，因此为当地农民和牧民

▼ 图1-10 下大雪的北京
（安福 摄影，北京，1940年12月，华北交通数据库，3803-033930-0、3803-033931-0）

▶ 图1-11 内蒙古民居
（Zhang Yu 摄影，CC BY-SA 2.0, https://flic.kr/p/97DauH）

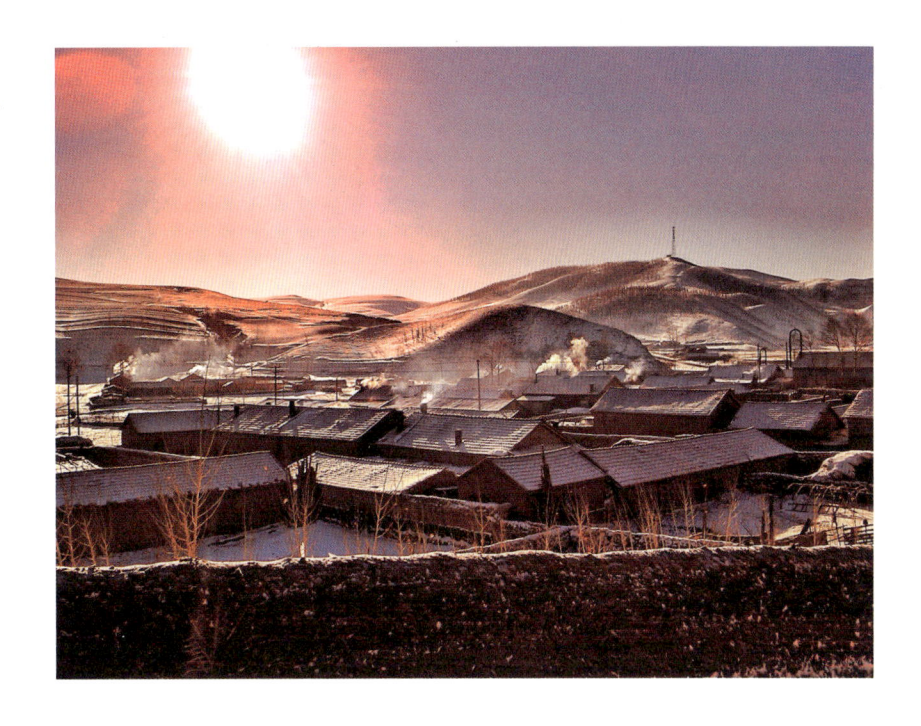

带来重要的生产生活条件，也是北方净化环境、维持碳氮循环、节约水资源和防治荒漠化等的重要因素。

汉族是最大的一个主体民族，分布在全国各地。据研究，在西晋时期或以前，汉族主要居住在北方，后不断南下。北方汉族主要生活在长江以北的华北地区，历代以农耕生产为主。

华北平原汉族的冰雪文化尤其体现在春节、腊八、冬至、大雪等冬季节日的民俗之中。其中，"冬至饺子夏至面"，冬天寒冷因此要增加热量，华北的冬至有吃饺子或馄饨的习惯。南宋陈元靓的《岁时广记》记载："京师人家，冬至多食馄饨。"[1]《滦州志》则记载："冬至日，作馄饨为食，取天开于子。"[2] 因冬至太阳直射南回归线，是全年北半球白昼最短、日影最长的一天，北极圈和南极圈分别呈永夜和极昼状态。吃馄饨是比喻在冬至交接新旧宇宙的混沌状态能破阴释阳；而民间习俗认为饺子像耳朵，冬至日吃饺子就冻不掉耳朵了。

冬至，正值冰天雪地的寒冬之际，也刚过去丰收的秋天，男女老少都爱在雪地上玩耍，堆雪人、打雪仗、打滑挞（挞）、玩爬犁和溜冰等。打滑挞（挞）是冬季一种民间娱乐，清代陈康祺的《郎潜纪闻

---

[1] 陈元靓：《岁时广记》，北京：中华书局，2020年，第704页。

[2] 杨文鼎、王大本：《滦州志》卷八，台北：成文出版社有限公司，1969年，第35页。

△ 图 1-12 张家口卖糖葫芦摊档

（吉田 摄影，张家口，1939 年 10 月，华北交通数据库，3705-026066-0）

△ 图 1-13 吃糖葫芦的北京小孩

（户田 摄影，北京，1938 年 9 月，华北交通数据库，3602-005278-0）

▲ 图 1-14
清代的"打滑挞（挞）"
（张小军　供图）

初笔》记载："禁中冬月打滑挞（挞），先汲水浇成冰山，高三四丈，莹滑无比，使勇健者着带毛猪皮履，其滑更甚，从顶上一直挺立而下，以到地不仆者为胜。"[1]

早在周代，冬至时就有国家祭典。《周礼》记载："以冬至日，致天神人鬼。"[2]而冬至成为公众节日是在汉代才开始的，大家熟悉起来后发展出更多的习俗，朝廷也渐渐重视这个节日，就成了假日。《后汉书》中记载："冬至前后，君子安身静体，百官绝事，不听政，择吉辰而后省事。"[3]历代朝廷多视冬至为国家大事，分别到南郊、北郊祭天和祭地。在民间，冬至是每个家庭团聚的重要日子，除了准备美食佳肴，也会祭神和祭祖。冬至的热闹气氛不少文献都有记载，《东京梦华录》记载："十一月冬至，京师最重此节。虽至贫者一年之间积累假借，至此日更易新衣、备办饮食、享祀先祖。官放关扑，庆贺往来，一如年节。"[4]北宋时期，东京开封府有"守冬"的习俗，认为新旧交替的冬至，人和大自然能互相适应获得新的能量，家中老少平安。而冬至是已丰收、已宰猪、已酿酒的季节，因此每户人家都喜欢送礼，清光绪八年《怀来县志》记载："冬至，拜节，或以羊、酒相馈遗，谓之肥冬。"[5]

蒙古族起源于公元前的东胡之鲜卑、室韦、鞑靼。7世纪前，蒙古族先民已在额尔古纳河一带居住，之后又迁移到克鲁伦河和鄂嫩河上游的不尔罕山一带，生活在大草原的蒙古族以游牧为主要生产方式。他们在11世纪与塔塔尔人结盟，因此蒙古部落被称为"鞑靼"或"塔塔尔"；成吉思汗13世纪初统一蒙古多个部落后，"蒙古"便融合为一个民族。

相传达斡尔族是隋唐时期的黑水国后人、室韦的后人、塔塔尔

---

[1] 陈康祺：《郎潜纪闻初笔》，北京：中华书局，1984年，第254页。

[2] 郑玄、陆德明：《周礼》卷三，北京：全国图书馆文献缩微中心，1986年，第48页。

[3] 范晔、庄适：《后汉书》卷十五，上海：国学整理社，1936年，第1373页。

[4] 孟元老：《东京梦华录》卷十，上海：商务印书馆，1936年，第185页。

[5] 光绪《怀来县志》卷十四《风俗》，第11页a。

冰雪民族文化拾零

图 1-15
《十二月月令图·腊月》
（CC BY 4.0，台北故宫博物院）
图中可见有人在堆雪人，有人在清理积雪，也有人在围桌饮酒作乐

部后人、契丹族和蒙古族后人等。不少学者曾指出，契丹人是达斡尔族的祖先，是一个游牧民族，达斡尔人在17世纪以前分布在黑龙江北部，是室韦的故地，因当时曾有一些部落与中原王朝通贡，因此推测达斡尔族与室韦有相关联系。也有学者认为，蒙古语和达斡尔语有不少相似的地方，在《蒙古秘史》中，一些古词已在现代蒙语中消失，但达斡尔语仍有使用。文献中记载，达斡尔族最早的居住地为讨浯儿河（洮儿河），直至明朝初期迁移到黑龙江北部，17世纪沙俄入侵，达斡尔族迁移至嫩江流域，一部分人仍留在外贝加尔一带。

另外，据文献记载，元帝国首都（北京）已居住着俄罗斯族人，而《元史》中称"俄罗斯"为"斡罗思"。现时，俄罗斯族人主要居住在内蒙古额尔古纳市，人口占全市总人口近一成，中国唯一的俄罗斯族自治乡——恩和俄罗斯族民族乡——就是在1994年建于额尔古纳。

第三节　西北冰雪文化生态区

西北地区一般是指昆仑山-祁连山-阿尔金山和长城以北的地区，包括黄土高原以西、河西走廊、渭河平原、青藏高原的东北部、内蒙古高原以西、柴达木盆地和新疆大部分地区，省级行政单位有陕西省、甘肃省、青海省、宁夏回族自治区、新疆维吾尔自治区，以及内蒙古自治区西部部分盟市。

西北地区自然景观多元，包括阿尔泰山脉、阿尔金山脉、天山山脉、昆仑山脉、祁连山脉、河西走廊、塔里木盆地、准噶尔盆地、吐鲁番盆地、塔克拉玛干沙漠等。西北地区深入内陆，远离海洋，降雨量不足，气候干燥，部分地区属于温带季风气候，其他地区较多属于温带大陆性气候，局部地区属高原、高寒气候，冬季严寒、有大雪。

图1-16 新疆卡拉库尔湖
(Dmitry P 摄影，CC BY 2.0,
https://flic.kr/p/73V8Wr)
新疆卡拉库尔湖是一座高山冰碛湖，为柯尔克孜族的天然牧场

第一章 冰雪文化生态区

△ 图1-17 新疆喀纳斯

（Matthew Lee 摄影，CC BY 2.0, https://flic.kr/p/7xZhTv）

西北地区有多条内流河，最著名的为塔里木河，也有中国唯一注入北冰洋的河流额尔齐斯河，以及黄河最大支流渭河；湖泊则有扎陵湖、青海湖、察尔汗盐湖、鄂陵湖、罗布泊、博斯腾湖、赛里木湖、阿克赛钦湖、乌伦古湖、艾比湖、艾丁湖、吉力湖等。

西北地区的新疆是中国面积最大的省级行政区，与它接壤的国家有印度、巴基斯坦、阿富汗、塔吉克斯坦、吉尔吉斯斯坦、哈萨克斯坦、俄罗斯和蒙古国。境内地形被称"三山夹两盆"，其北部是阿尔泰山，南部是昆仑山，中部是以天山作分界线分出北部和南部的准噶尔盆地和塔里木盆地。天山以南一般被称为"南疆"，以北为"北疆"，哈密和吐鲁番一带一般称为"东疆"。坐落在天山山脉中段的巴音布鲁克草原海拔1500—2500米，水草丰盛，是畜牧业的重地之一。新疆的北部降水较多，南部则降水较少，高山地区属高地气候，降雨较多，也是冰川雪原地带。新疆是我国冰川规模最大、冰储量最大的地区，也是我国冰雪资源最丰富的地区，冰川和融雪水在水资源构成中起着重要作用。

"回纥"是维吾尔族的先祖之一，东晋十六国时期这个族名已出现，它由十大氏族组成，于北海（即今俄罗斯贝加尔湖）以南、蒙古高原以北一带游牧。《魏书》中记载："其种有狄氏、袁纥氏、斛律氏、解批氏、护骨氏、异奇斤氏。"[1]

据考古资料证实，新疆不少地方早在新石器时代已有人类生活的痕迹，如农牧活动。"丁零"是维吾尔族最早的称呼，受匈奴统治，公元前3世纪，丁零主要在巴尔喀什湖和额尔齐斯湖至北海之间一带游牧。公元前71年，丁零配合西域多国、鲜卑和东汉军打击匈奴，并迁入天山以北；又在4—5世纪迁入塔里木盆地。迁至新疆后，他们保持了自身的传统文化，又在新的居住地受到其他文化影响产生出新的文化。

▶ 图1-18 维吾尔族人
（Todenhoff 摄，CC BY-SA 2.0, https://flic.kr/p/dAtrzi）

维吾尔族人主要居住在新疆天山以南，南疆喀什、和田、吐鲁番、哈密和阿克苏地区，北疆塔城、乌鲁木齐和伊犁等地区。

土族人主要生活在青海东部和甘肃，主要从事畜牧业和农业，尤其精于养羊。他们的祖先被认为是古代吐谷浑人，并吸收了藏族、蒙古族等民族文化。

1　魏收：《魏书》卷一〇三，北京：中华书局，1974年，第2307页。

回族人口较多，遍布全国。其足迹早在7世纪中的文献便有记载，主要是由于波斯人和阿拉伯人的商贸往来而形成的族群。他们的后世一部分定居在华北地区，一部分定居在陕西、宁夏和甘肃等地，因地理位置特殊，他们主要以放牧维生。

东乡族主要生活在甘肃、宁夏和新疆等的山地中。13—14世纪始有记载，古代的东乡族自称"撒尔特"（或"撒儿塔"），在《蒙古秘史》等文献中记载"撒尔特"指的是中亚一带穆斯林。[1]

保安族主要生活在甘肃、青海、新疆和西藏等地，有指他们的先祖是蒙古人或回族的色目人。保安族人大多以农业维生，部分从事畜牧业或手工业。

"哈萨克"一称最早出现于15世纪，历史悠久，是该民族的自称。哈萨克由古代的乌孙、康居（康里）、克烈、钦察、突骑施（撒里乌孙）、札剌亦儿、阿尔根、塞种、阿兰（奄蔡）、乃蛮、葛逻禄、阿里钦、咄陆（杜拉特）、弘吉剌惕和匈奴等的多个部落融合形成。现时，哈萨克族主要分布在新疆北部的里海、塔尔巴哈台、阿勒泰和天山，属于跨境民族，一部分人生活在蒙古国和其他国家。

◀ 图1-19 居住在天山山脉的哈萨克族人
（Ceyhun Kavakci 摄影，CC BY-SA 2.0, https://flic.kr/p/oQrLh3）

---

1 特·官布扎布：《蒙古秘史》（现代汉语版），阿斯钢译，北京：新华出版社，2006年，第135页。

△ 图1-20 居住在新疆西北部天山的柯尔克孜族牧民
（CC BY 2.0, Imageby zfilmspro from Flickr, https://flic.kr/p/dpFrLF）

  2000多年前，柯尔克孜族已出现在史料中，突厥语"柯尔克孜"是民族的自称，他们主要使用柯尔克孜语。大部分柯尔克孜人主要生活在新疆，小部分生活在东北的黑龙江。有指他们是从新疆阿尔泰山迁至黑龙江，也有指他们来自叶尼塞河，也有指他们源自帕米尔高原一带。古代柯尔克孜人的部落在《三国志》中也有记载：康居之西北有"坚昆"，"随畜牧，亦多貂，出好马"。而匈奴之北也有"鬲昆"。[1] 现时，柯尔克孜族人生活在新疆北部的额敏、特克斯和昭苏县，也有部分生活在西疆和南疆。

  塔吉克族人是中国唯一的高加索人种，体格与欧洲人相似，生活在帕米尔高原以东的塔吉克族人很早便有记载。

  塔吉克人有句谚语："人的肚脐在肚皮上，世界的肚脐在帕米尔。"坐落在中亚的帕米尔高原，由多条山脉形成，塔吉克族民间有一个"山神话"："真主创造世界时，本没有山，那头用犄角顶着大地

---

[1] 陈寿：《三国志》卷三十，北京：中华书局，2011年，第862—863页。

的神牛调皮，总是抖动犄角制造地震，使得大地上的人们苦不堪言，仁慈的真主便又造出七座大山，将大地稳稳压住。"[1] 慕士塔格山是帕米尔高原上的七座大山之首，也是塔吉克族的神山。终年积雪的帕米尔高原，冰雪融化形成多个湖泊和多条河流，高山深谷中形成了不少耕地、草原和牧场。

乌孜别克族源自多个古代中亚部落，是世界第二大突厥语族。中国的乌孜别克族主要居住在新疆塔城、伊宁、喀什、木垒和乌鲁木齐等，牧区的乌孜别克族多与哈萨克族杂居，而农区的乌孜别克族多与维吾尔族杂居。乌孜别克族最早被记载在《元史》中，乌孜别克汗国由成吉思汗的孙子、昔班家族成员阿布海尔建立，领土为现时的西西伯利亚和南西伯利亚。乌孜别克汗国瓦解后又建立起哈萨克汗国，之后有不少乌孜别克人南下不断扩张的哈萨克汗国，后来这些南迁的人定居在河中（即现时中亚的阿姆河流域、锡尔河和泽拉夫尚河流域一带）农业区，并与当地人融合起来，形成今天的乌孜别克族。

◀ 图1-21 塔吉克族女性
（Todenhoff 摄影，CC BY-SA 2.0, https://flic.kr/p/dAyUSY）

---

[1] 熊坤新、马静、代晓旭：《塔吉克族伦理思想管窥》，《新疆师范大学学报》（哲学社会科学版）2006年第3期。

▶ 图1-22 塔塔尔人
（https://www.loc.gov/item/2018689029/, World Digital Library）

塔塔尔族现在主要居住在新疆塔城、伊宁、乌鲁木齐和阿勒泰等地，其先民与鞑靼有渊源关系，最早被记载在鄂尔浑叶尼河的碑文中，而唐代以突厥文所写的阙特勤碑上也有"达达""挞靼"或"达坦"等塔塔尔族的古称。

撒拉族主要居住在青海、甘肃和新疆等地。"萨拉尔"是撒拉人的自称，是"官兵"的意思。历史记载，他们的先祖早在元代便从中亚迁移到青海一带，在青海居住已长达7个世纪。有文献记载了一个古代西突厥分支，名为萨拉尔的部落，他们古时在伊犁河流域、塞浑河一带游牧，其后因战乱逐渐迁移到青海。[1]

裕固族主要居住在甘肃，他们人口较少，"尧乎尔"是他们的自称。他们与古代北方古老民族回纥有相当大的渊源，也与维吾尔族同源，有超过1300年历史。裕固族生活在河西走廊中部的一片戈壁绿洲，他们主要以农业和畜牧业维生。

1　Minahan, James B. *Encyclopedia of Stateless Nations: Ethnic and National Groups around the World, 2nd Edition: Ethnic and National Groups around the World*. ABC-CLIO. 2016, p.364.

第四节　西南冰雪文化生态区

西南地区主要指四川盆地、云贵高原、青藏高原以南一带，主要包括四川省、云南省、贵州省、重庆市和西藏自治区几个行政单位。

云贵高原西起横断山、哀牢山，东起武陵山、雪峰山，东南接岳成岭，北面是长江南岸的大娄山，南面是广西与云南交界的山脉，大致以乌蒙山为界，分为贵州高原和云南高原，海拔400—3500米，地形复杂多样，土壤粗糙，山区广阔，有"江南千条水，云贵万重山"之说。这个地区生态系统脆弱，冰雪民族众多。云贵高原有文化和生物多样性的特点，是中国少数民族最多的地区，各族都保持丰富多彩的传统文化。

历史悠久的四川位于长江上游，由川西高原和四川盆地组成，先秦时期分别是巴、蜀两国领土，因此有巴蜀的别称。四川盆地属于亚热带季风气候，其西部的高原地区则属于亚寒带、永冻带等高寒类型气候；川西高原大部分地区平均气温较低，没有夏天，冬季寒冷多雪。因四川的地理和气候条件复杂多样，具有多种自然景观和动植物资源。生活在四川的民族主要为汉族，占四川省总人口95%，其余5%的人口由包括彝族、藏族、羌族、苗族等14个世居少数民族组成。山地城市重庆属亚热带季风气候，人口以汉族为主体，另有土家族、苗族、回族等49个少数民族生活于此。位于边疆地区的云南，气候和地形复杂多样。云南的西部和北部有多座高山雪原，包括著名的梅里雪山、高黎贡山、怒山、玉龙雪山等。全省最高海拔为6740米的卡瓦格博峰。根据云南省第六次人口普查，少数民族人口占总人口超过33%，其中人口最多的民族是彝族，其次是白族、傣族、哈尼族、壮族和苗族等。贵州省位于云贵高原东部，属于亚热带季风气候，矿产和生物资源丰富，也是个多民族聚居的省份。

青藏高原平均海拔在4000米以上，高原资源丰富。其生态系统脆弱，除草地占总面积的一半，森林占8.6%，农田占1.7%，湖泊占

△ 图1-23 卡瓦格博峰

（Pseudois 摄影，CC BY-SA 3.0, https://commons.wikimedia.org/w/index.php?curid=17637660）

卡瓦格博峰是梅里雪山主峰，位于云南和西藏交界的德钦县，海拔6740米

1.2%，湿地占0.1%外，其余区域为荒漠、沙漠和冰川。青藏高原是中国与东亚地区气候系统稳定的重要屏障，拥有丰富多样、独特的珍稀动植物物种和特殊生态系统，是全球生物多样性保护的重要区域。独特的自然格局和丰富多样的栖息地为不同物种整合和交汇提供了特别的空间，不仅衍生出许多高原特有物种，也为古代物种提供了天然庇护所，是全球生物多样性最丰富的地区之一。青藏高原分布着超过1.3万种高等植物和超过1000种陆栖脊椎动物，是全球生物多样性保护的25个热点之一。

西藏位于西南边陲，与新疆、青海、四川、云南相邻，也与缅甸、印度、不丹和尼泊尔等国家接壤。西藏首府拉萨日照时间长，因此有"日光城"之称。西藏的气候、地形和地貌复杂多样，有多座高山雪原，是多条河流的发源地，气候自西向东分别属于高原寒带、高原亚寒带、高原温带、亚热带、热带等多种类型气候，其中西藏北部高原地区年平均气温在零摄氏度以下，冰冻期长。在西藏常住人口中，藏族占超过86%，汉族占12%，其余为其他少数民族人口。[1]

---

[1] 数据参考：西藏自治区人民政府·人口·民族，www.xizang.gov.cn/rsxz/qqjj/rk/202105/t20210520_202840.html，2021年5月20日。

冰雪民族文化拾零

图1-24 青藏高原东北缘祁连山下的牧民（萧泳红 摄影，2017年）

青藏高原上的高寒草地生态系统有利于畜牧业发展，因此，生活在青藏高原上的民族多以畜牧维生。青藏高原上的气候能维护生态平衡、保持水土和保护生物多样性

△ 图1-25 青藏高原

(Jon Evans 摄影，CC BY 2.0, https://flic.kr/p/qFXv4)

△ 图1-26 一位在拉萨八廓街上转经的虔诚藏族妇女

(Luca Galuzzi 摄影，CC BY-SA 2.5, https://commons.wikimedia.org/w/index.php?curid=1511395)

▶ 图1-27 怒江

（Michael Woodhead 摄影，CC BY-SA 2.0, https://flic.kr/p/5fqp5z）

根据考古资料，青藏高原在旧石器时代已有人类活动痕迹，西藏考古发现的旧石器时代多个采集点，主要分布在喜马拉雅山以北至唐古拉山脉以南一带。

藏族有文字可考的历史只有1400多年，但其文明史可以上推到截至考古发现更久远的年代。根据对青藏高原上各个民族的历史研究，藏族起源于多个氏族部落。隋唐以来，汉文典籍中将赞普所领各部统称为"吐蕃"。游牧羌人在古代不断南迁并进入云南西部定居，经长时间与当地人的融合，他们保留了自身文化，也不断适应当地高寒气候，同时也开展了农业生产。

主要生活在云南、四川、贵州和广西的彝族，在先秦时期是西北地区氐羌族群的南迁分支，其先祖是"笃慕"。由于居住环境和历史多样，他们的分支也较多，有黑彝、白彝、红彝等。他们世代居住在康藏高原东南侧一带和云贵高原的山河间，该地区冬季气候寒冷。

怒族和傈僳族主要居住在澜沧江和怒江一带。《蛮书》记载："傈僳两姓蛮、雷蛮、梦蛮，皆在茫部台登城，东西散居，皆乌蛮、白蛮之种。"[1] 傈僳族先祖早在16世纪中便陆续迁移到怒江一带，19世纪以来因战争进行过多次西迁，到20世纪初他们才在怒江定居，上述的"傈僳两姓蛮"便是他们的先祖。

怒族在元朝或明朝时代已出现，明代的《百夷传》中便有"弩（怒）人"的名称记载。[2] 怒江也是因长期居住在两岸的怒族而得名。怒江的两岸有多座雪山，当中以高黎贡山和碧罗雪山为首，形成了怒江大峡谷，怒江一带的动物和植物资源也因有良好的水土，非常丰富。

主要生活在云南、四川和西藏一带的纳西族，他们的先祖原本生活在青海，其后因战乱逐渐南迁，大约2000年前便在四川云南一带生活了。《元史》记载："治在丽江之东，雪山之下，昔名三眺，仆㦃蛮所居。"[3] 羌族和纳西族自古便共同生活在雪山之下，都是以游牧和农耕维生的民族，而古代的羌族先祖有驯养野兽、饲养牲畜和放牧的丰富经验，东巴经书《献冥马》中也记载过纳西族有同样经历。纳西族早期种植的作物有麻、荞、燕麦、青稞等高寒作物。

羌族主要生活在四川的高原山地中，羌族是一个古老民族，他们自称"日玛""日麦""尔麦""尔玛"，均是本地人的意思。"羌"，古代是西部游牧民族的一个统称，包括了多个部族，在先秦时期便居住在西北一带，后规模不断扩大，再其后多个分支分别迁移到西部和南部，也有部分迁移到中原一带。他们现时主要居住在青藏高原东北部的高山、雪原和河谷。

起源于喜马拉雅山以南的景颇族，长期居住在多座雪山之间。景颇族民谣唱道："高高的喜马拉雅，留下过景颇先祖的足迹，深深的

---

[1] 樊绰：《蛮书校注》，北京：中华书局，2018年，第105页。

[2] 钱古训：《百夷传校注》，昆明：云南人民出版社，1980年，第42页。

[3] 宋濂：《元史》（第五册），北京：中华书局，1976年，第1465页。

△ 图1-28 定居在玉龙雪山下的纳西族妇女
（Rod Waddington 摄影，CC BY-SA 2.0, https://flic.kr/p/2bo2EBM）

青海湖水，藏住了景颇先民的身影……穿过历史的长河，我们从青藏高原走来，越过时空的隧道，我们从日月山走来……"[1] 现在，景颇族主要居住在云南怒江、普洱、西双版纳和临沧等地。古代的景颇族长期居住在高山上，也被称为"山头"。景颇族日常以种植旱谷维生，在他们的生活中，牛是神圣的，象征着财富。

居住在云南西北部独龙江山谷中的独龙族，他们的先祖也同被认为与古代氐羌关系密切。唐宋时期的独龙族属于南诏、大理地方所管辖，元朝以后便属丽江木氏土司管辖。《大元大一统志》中记载，独龙族古称为"撬"。[2] 早在宋代的文献记载独龙族为"俅子"或"俅"[3]。独龙族居住在独龙江流域的河谷地带，东西两岸分别是海拔超过5000米的高黎贡山和海拔超过4000米的担当力卡山，两山冰期长达8个月，几乎不融雪。他们主要以农业维生，也以采集、渔猎为副业。

---

[1] 金斗明：《景颇族与目脑纵歌》，《旅游纵览》2004年第6期。

[2] 罗振玉：《大元大一统志》残本十一，载金毓黻《辽海丛书》第93册，沈阳：辽海书社，1931年，第6页b。

[3] 严粲：《诗辑》卷三十四，北京：中华书局，2020年，第1014页。

第二章
冰雪民族生产类型

环境给人类生活带来极大的限制，任何一种环境都影响着人类的生活方式。一方面，环境极大地限制了人类的成就，另一方面，又提供了满足人们需要的物质，环境一直在人类文化生活中起着不同作用。采集食物是人类社会的基本活动，根据获取食物的方式，社会可分为（1）采集、狩猎及渔业社会；（2）畜牧社会；（3）农业社会；（4）工艺社会。[1] 而中国民族学将经济文化类型定义为："居住在相似的生态环境之下，并操持相同生计方式的各民族在历史上形成的具有共同经济和文化的特点的综合体。"[2] 本章基于上述理解，把冰雪民族的文化类型分成捕鱼/狩猎、游牧和农耕三种。

一、捕鱼/狩猎型冰雪文化

捕鱼型冰雪文化主要分布在东北的乌苏里江、黑龙江和松花江，以及大、小兴安岭等地区。在冬季，居住在这里的冰雪民族会使用传统的雪橇作为运输工具，并凿冰捕鱼。由于严寒，他们发明了各种适合冰雪气候的生活工具。

---

1 ［英］雷蒙德·弗思：《人文类型》，费孝通译，北京：华夏出版社，2002年，第38—39、47页。
2 林耀华：《民族学通论》，北京：中央民族大学出版社，1997年，第86页。

△ 图 2-1 查干湖冬捕

（詹嘉铭 摄影，CC BY-SA 2.0, https://flic.kr/p/j2ZY3a）

赫哲族世代居住在东北三江流域，是北方少数民族之一，其祖先在渔猎方面非常出色。当地水资源非常丰富，为赫哲族渔猎提供了重要的自然条件赫哲族是捕鱼民族冰雪文化的重要代表之一。《后汉书》中对古代捕鱼的挹娄人有相关记载："处于山林之间，土气极寒，常为穴居，以深为贵，大家至接九梯。"[1] 而赫哲的捕鱼情景，清代的李重生在《赫哲土风记》中也有记载："赫哲地滨北海，天气早寒，重阳后即落雪花，十月则遍地平铺，可深数尺。"[2]

每年冬天，赫哲族的祖先都会到雪山、森林、田野、湖泊和河流捕鱼、狩猎。由于路途较远，积雪深厚，行走困难，赫哲族的祖先在冬季狩猎过程中发明和创造了不少雪上的运输工具。现在，捕鱼民族仍坚守着他们的冬捕文化。

在京津冀一带生活的冰雪民族也会采冰和凿冰取鱼。每到冬天，人们便会到结冰的河面采冰，把冰储存在冰窖里，留待夏天使用。冰钓也是华北地区冰雪民族喜爱的活动，每到冬天，他们会在结冰湖面或江面上凿冰取鱼。

二、游牧型冰雪文化

游牧冰雪民族包括了北方的蒙古族、满族、鄂伦春族、鄂温克族、达斡尔族等，西南的藏族、傈僳族等，以及西北的维吾尔族、哈萨克族、锡伯族、塔吉克族、乌孜别克族、塔塔尔族等。

20世纪中叶，在新疆阿勒泰市汗德尕特蒙古自治乡东北部的敦德布拉克河上游沟谷东侧，人们发现了滑雪和狩猎的岩画。其中一组绘有正在滑雪的人和动物形象的图形，有人手持单杆正在滑雪，也有人脚踏滑雪板在滑雪。这是在中国范围内找到的较早、能反映滑雪内容的考古资料。经考古学初步鉴定，岩画能追溯至距今一万年左右的旧石器时代后期。

冰床，又称凌床、爬犁等，是古代北方游牧民族重要的运输工

▷ 图2-2 青藏高原4800米处的藏族牧民
（Matt Ming 摄影，CC BY 2.0, https://flic.kr/p/iH17jg）

---

[1] 范晔：《后汉书》卷八十五，北京：中华书局，1965年，第2812页。

[2] 转引自张嘉宾、卢贵子：《黑龙江流域的通古斯人》，哈尔滨：哈尔滨出版社，2003年，第13页。

第二章 冰雪民族生产类型

具之一。宋代，江少虞的《宋朝事实类苑》中记载："信安、沧、景之间……冬月作小坐床，冰上拽之，谓之凌床。"[1] "江休复《江邻几杂志》也记载："雄霸沿边塘泊，冬月载蒲苇，悉用凌床，官员亦乘之。"[2] 马可·波罗（M. Polo）的游记有元代人使用冰床的记载，这种运输工具没有车轮，底部平直，而前端翘起呈半弧形，这种结构特别适合在冰上轻松行驶……他们用来拉橇的狗，有毛驴般大小，这种狗非常强壮"[3]。明代，冰床已非常普及，刘若愚的《酌中志》记载："是河（护城河）也……至冬冰冻，可拖床。以木板上加交床或藁荐，一人前引绳，可拉二、三人，行冰如飞……嘉靖壬寅正月十六日，皇太子自宫中往见，绝河冰而过。"[4]《明实录》记载："西华门……且冬则冰床作戏，春夏荷柳供观。"[5]

滑冰技术在游牧民族的生活中十分普及，《清语摘钞》记载了1626年冬天，满族首领努尔哈赤的部队被巴尔虎部围困在墨尔根（在今黑龙江嫩江市），危急之际其中一名部将费古烈至该地援助，他们"所部兵皆着乌拉滑子，善冰行，以炮驾爬犁，沿脑温江（今嫩江）冰层驰往救，一日行七百里"[6]。

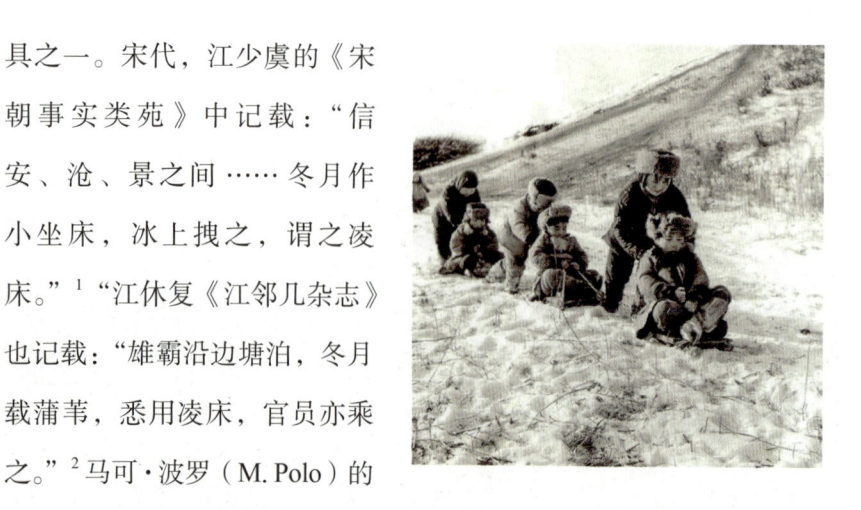

▲ 图2-3 鄂伦春族的孩子们在玩爬犁
（田宝发 摄影，1962年）
爬犁古时用来在冬季大雪天气里运输猎物、木材等，后因经济和交通发展，爬犁成了一种冬季娱乐活动

---

1 江少虞：《宋朝事实类苑》卷六十七，《谈谐戏谑》（五），"中国哲学书电子化计划"线上古籍检索系统。

2 江休复：《江邻几杂志》，郑州：大象出版社，2019年，第126页。

3 ［意］马可·波罗：《马可·波罗游记》，余前帆译，北京：中国书籍出版社，2009年，第522-524页。

4 刘若愚：《酌中志》卷十七，北京：北京古籍出版社，1994年，第142页。

5 长乐梁氏：《明实录》第四七〇册，《明熹宗哲皇帝实录卷之十七》第145条，江苏国学馆传抄本，1940年。

6 崔乐泉、张红霞：《从传统冰雪到东奥文化：跨越时空的文化对话》，《体育学研究》2019年第1期。

三、农耕型冰雪文化

农耕冰雪民族包括了北方的俄罗斯族、朝鲜族、达斡尔族等,西南的藏族、景颇族、傈僳族、怒族、纳西族等,以及西北的维吾尔族、柯尔克孜族、锡伯族、塔吉克族、乌孜别克族等。

农耕型冰雪文化主要分布在西北帕米尔高原东部,东北黑龙江一带,以及西南部的高原山地。其中,位于亚洲中部内陆的帕米尔高原,由天山、兴都库什山、喀喇昆仑山、昆仑山、喜马拉雅山多条山脉交汇而成。《汉书》记载:"南道西踰葱岭则出大月氏、安息……北道西踰葱岭则出大宛、康居、奄蔡焉(耆)。"[1] 无论南道或北道,都需要通过"葱岭"(帕米尔高原),由此可见帕米尔高原在古代人类生活中已占有非常重要的地位。终年积雪的帕米尔高原,雪水融化形成多个湖泊和多条河流,在这些湖泊和河流两侧则是天然的草场和牧场,绿洲农耕文化发展较好。

△ 图 2-4 青藏高原的藏族人民在耕地上种植青稞
(Swetha R. 摄影,CC BY-ND 2.0, https://flic.kr/p/smtm9p)
青藏高原的农耕区域集中在海拔较低的河谷地区,水热条件组合相对较好,适宜发展农业生产,主要有雅鲁藏布江谷地和湟水谷地

---

[1] 班固:《汉书》(第十二册)卷六十六上,北京:中华书局,1962年,第3872页。

第一节 捕鱼／狩猎型冰雪文化

一、冬捕

冰雪民族自古以来精骑射、善捕捉。除了射猎之外，也一直以捕鱼维生，鱼类也是他们的主要食物。其中，吉林省的查干湖冬季捕捞就是捕捞历史传承的典型例子，人们脚穿乌拉鞋，赶着大雪，拖着爬犁忙碌在江河冰雪之中。

《北史》中记载，"凿冰没水中而网取鱼鳖"[1]。《辽史》记载："皇帝正月上旬起牙帐，约六十日方至，天鹅未至，卓帐冰上，凿冰取鱼，冰泮，乃纵鹰鹘捕鹅雁。"[2]《辽史拾遗》引张舜民《使辽录》也记载："正月钩鱼海上，于冰底钩大鱼。"[3]而《续资治通鉴长编》"真宗天禧五年"引用宋绶的《上契丹风俗》称："蕃俗喜罩鱼，设毡庐于河冰之上，密掩其门，凿冰为窍，举火照之，鱼尽来凑，即垂钓竿，罕有失者，迤至张司空馆，闻国主在土河上罩鱼，以鱼来馈。"[4]

《辽史》等史书记载，自辽圣宗开始，每年正月过后，君主都会与嫔妃和群臣到查干湖行宫，称为"春捺钵"，在查干湖上凿冰取鱼，并举行"头鱼宴"。[5]

查干湖冬捕是需要多人合力进行的集体活动。现在，查干湖冬捕通常在每年底开网，至来年1月中收网，捕得的鲜鱼总量可达100万千克。开捕前，要先进行"醒网·祭湖"仪式。"醒网"就是大网已经沉睡了三季，到了冰封雪飘的冬季，该到唤醒它的时候了；"祭

▲ 图2-5 凿冰取鱼
（Jackson, William Henry, photographer. Chopping hole in Amur River for ice fishing. Amur River China Russia, 1895. Nov. Photograph. https://www.loc.gov/item/2004708041/）
冰雪渔猎民族在冬季冰雪封江的时候，用硬物凿开冰层，形成"冰涡子"，用以捕捉鱼类

---

1 李延寿：《北史》，北京：中华书局，1974年，第3130页。
2 脱脱：《辽史》，北京：中华书局，1974年，第373页。
3 厉鹗：《辽史拾遗》，杭州：浙江古籍出版社，2019年，第295页。
4 李焘：《续资治通鉴长编》，北京：中华书局，1985年，第2254页。
5 脱脱：《辽史》，北京：中华书局，1974年，第326、373、1439页。

湖"则是为了感谢湖神把鲜美的鱼类赐给百姓，祈盼查干湖鱼丁兴旺，盼湖神保佑冬捕顺畅。"醒网·祭湖"仪式至今已有千百年历史。

查干湖冬捕要经过镩冰、走勾、扭矛、走线、跟网等一系列步骤，需要渔工有熟练的技巧和丰富的经验。每次冬捕时，渔工们先要在冰面上每隔约15米凿一冰眼（即镩冰），巨大的渔网自入网口进入冰面以下后，经过穿杆引线，使渔网沿着这些冰眼在冰下"行走"，直到约两公里外的出网口，其间需要渔工在厚厚的冰面上打上上百个冰眼，逐步将大网下到位，下网的过程需要八九个小时；收网时，几匹高头大马拉动绞盘牵引着钢丝绳转动，四五米宽的大网裹着冰层下的鱼儿从宽1米、长2米的出鱼口缓缓露出冰面。

▽ 图 2-6　查干湖冬捕

（詹嘉铭 摄影，CC BY-SA 2.0, https://flic.kr/p/j33aWu）

查干湖是吉林省最大的内陆湖，是非常著名的渔业生产基地，渔网长度达 1000—5000 米

△ 图2-7 乌伦古湖"醒网·祭湖"仪式

（詹嘉铭 摄影，CC BY-SA 2.0, https://flic.kr/p/j2YUeT）

"醒网·祭湖"场地的供桌上需摆放九种供品，点燃九炷檀香，旁边有冰雪堆成的敖包，敖包上挂满哈达（蒙古族的传统丝织品），插满松柏枝；仪式开始时，锣鼓和法号响起，身穿蒙古袍的喇嘛手持法铃、奔巴（圣水瓶），吹奏海螺、法号、牛角号，围绕供桌、敖包和炭火转三圈，合掌站在供桌前诵经，一众舞者穿着传统查玛服（蒙古族传统服装之一），手持法器，在一旁跳传统查玛舞（蒙古族传统舞蹈，也俗称"跳鬼"），渔把头（冬捕队伍的头领）一声号令，喇嘛会边摇着手中的法铃边将向空中洒圣水，口中一直诵念祭神经文，诵经完毕，渔把头会端起奶酒，向圣湖诵祭湖词

除东北的查干湖冬捕外，居住在西北的新疆冰雪民族也会冬捕。新疆福海县的乌伦古湖，冬天最低温度接近零下30摄氏度，与查干湖一样，拉大网捕鱼也是这里传统的冬捕方式。"冬捕节"是当地的重头戏，是哈萨克族先祖世代相传的古老捕鱼文化，在冬捕前，也会举行与查干湖仪式相似的乌伦古湖"醒网·祭湖"仪式。

捕鱼民族冬季常见的捕鱼方法还有搅鱼、震鱼、钩鱼、"起坑"等。"搅鱼"就是用冰镩子在冰面上扎出一个冰眼，然后用带网的长杆按顺时针方向搅水，使冰下水流形成一个巨大的旋涡，搅到一定程度便逆时针回转，再把长杆拉上来，此时便能获得满篓鱼坨（搅上来的鱼已冻成冰坨）；"震鱼"多选在结冰初期，正午时分，扛着铁锤或

▷ 图2-8 挑鱼

（詹嘉铭 摄影，CC BY-SA 2.0, https://flic.kr/p/j2YgM4）

渔工们边收网，边将打上来的鱼放在冰面上，而等在两侧买鱼的人们则拿着专用编织袋，将挑中的大鱼装入其中

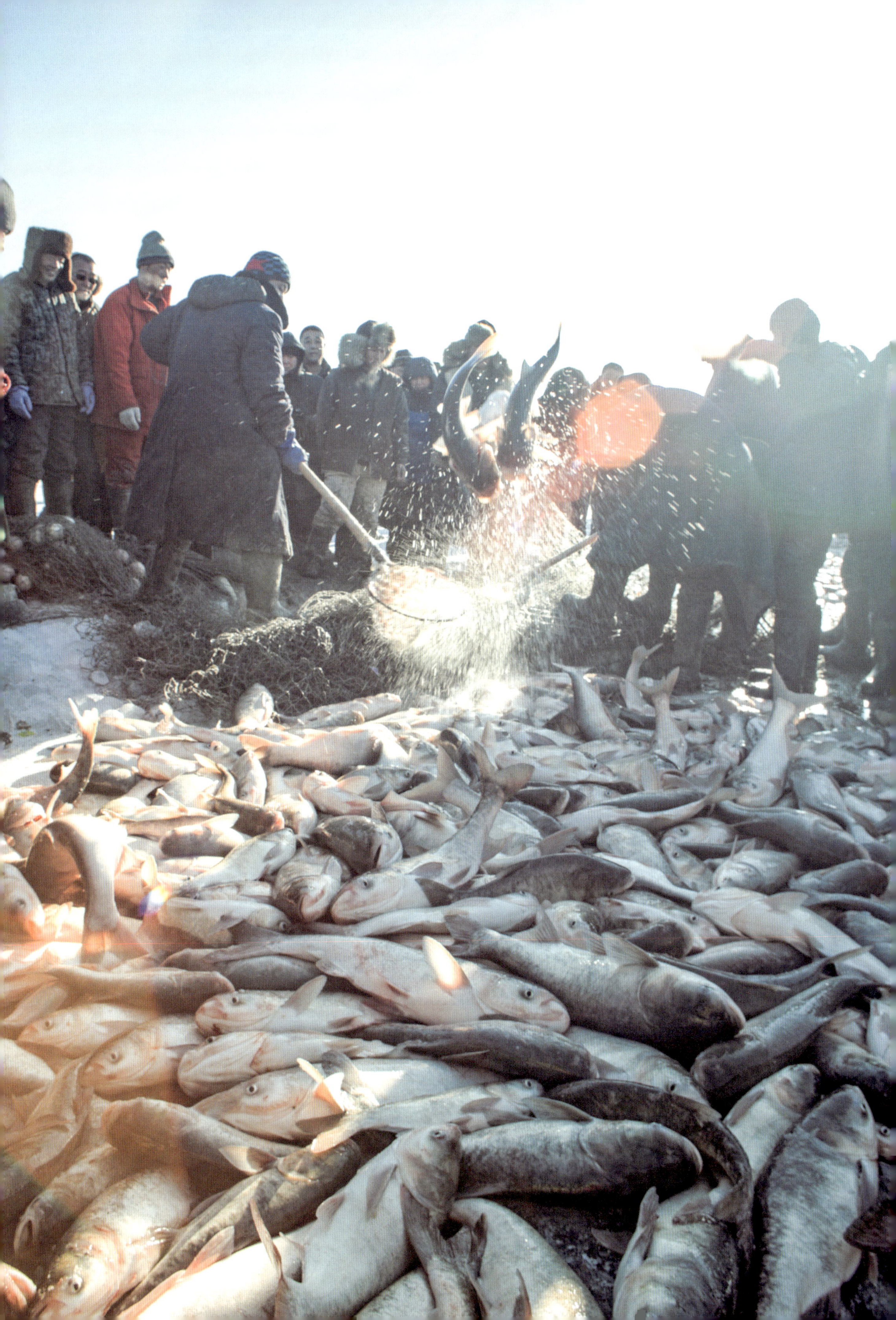

铁镐，到冰面上，冰略薄处搜寻水族，一旦发现有鱼儿静伏于冰下，便用锤向冰面，让冰下之鱼受震，然后迅速刨开冰层，将其捞出；"钩鱼"就是在冰上凿几个冰眼，再将片钩下到水中，来回抽动，将水下游动的鱼钩住；"起坑"是在河水封冻之前，选靠近河边的位置挖个深坑，这个深坑在封冻后，便成为"海外孤岛"，这时，便能收获这些进坑的鱼。

二、冬猎

《隋书》记载，古代的北方室韦人和西北坚昆人、丁零人等会在森林雪地中"骑木而行"[1]，进行狩猎。《新唐书》记载："拔野古一曰拔野固，或为拔曳固……邻于靺鞨……俗嗜猎射，少耕获，乘木逐鹿冰上……东至木马突厥三部落，曰都播、弥列、哥饿支……多善马，俗乘木马驰冰上，以板藉足，屈木支腋，蹴辄百步，势迅激。"[2] 这里的乘木、骑木或乘木马，指的都是古代冰雪民族狩猎的出行工具。

生活在东北大兴安岭的森林地区及黑龙江、松花江、乌苏里江一带的鄂伦春、鄂温克、赫哲等冰雪民族，传统就以打猎维生，生存完全依赖于自然。大兴安岭西北部有丰富原始森林资源，也是冰雪民族专属的天然猎场，里面有各种珍禽异兽，包括驯鹿、熊、马鹿、狐、貂、水獭、灰鼠、香鼠等。蕴含着丰富野生和自然资源的兴安岭，令世代居住在这里的鄂伦春等冰雪民族，一直保持着狩猎型生产生活。生活在北纬52度呼伦贝尔大草原和大兴安岭交汇处泰加林区的鄂温克族，大自然便是他们的家园，鄂温克人世代与驯鹿相依为命。

弓箭文化在锡伯族民族文化中占有重要的比重，不少史书都记载了锡伯族优秀的弓箭本领。《史记》载："儿能骑羊，引弓射鸟鼠。少

---

[1] 魏征、令狐德：《隋书》卷八十四，北京：中华书局，1973年，第1883页。

[2] 欧阳修、宋祁：《新唐书》第十九册，北京：中华书局，1975年，第6139—6140、6148页。

△ 图2-9 《元人狩猎图》
（CC BY 4.0，台北故宫博物院）

长则射狐兔，用为食。士力能弯弓，尽为甲骑。"[1]《魏书》记载他们善"骑击"，"随水草畜牧"，"以战死为志"。[2]《旧唐书》也记载室韦"兵器有角弓楛矢，尤善射，时聚戈猎"[3]。

早期的锡伯族是个渔猎民族，根据记载，捕鱼和狩猎是锡伯族重点的经济生活，"打围"是锡伯族人对传统狩猎的称呼，而狩猎是锡伯族人先祖从几百年间流传下来的生产生活方式。《狩猎歌》为锡伯族的一首古老民歌，当中描述了锡伯族人豪迈朴实的生活气息："雪花如蝶飞，驰骋共撒围，踏遍千重山，猎夫凯歌回。"[4]

锡伯族人会把猎物的头和蹄子分给最先命中猎物的人，每当狩猎归来，腰间挂着最多猎物头、蹄的猎手是最优秀的。

---

1 司马迁：《史记》卷一百一十，北京：中华书局，1982年，第2879页。
2 魏收：《魏书》卷九十五、卷一〇三，北京：中华书局，1974年，第2080、2290、2291、2293页。
3 刘昫：《旧唐书》卷一一九，北京：中华书局，1975年，第5357页。
4 龚强：《黑龙江冰雪文化礼赞（十三）——更识弯弓射大雕的锡伯族（上）》，《黑龙江史志》2007年第1期。

046 冰雪民族文化拾零

◀ 图 2-10 《元人射雁图》
（CC BY 4.0，台北故宫博物院）

△ 图 2-11 鄂伦春族人出猎

[《鄂伦春族的三次跨越》,《民族画报》(汉文版) 2016 年第 7 期]

他们出猎时骑马，雪深时用滑雪板，猎马、猎狗、猎枪、猎刀是鄂伦春人的伙伴，冬季狩猎是他们重要的生产活动

△ 图 2-12 鄂伦春族人在分享食物

（扎西尼玛 摄影，1962 年）

传统生活中，鄂伦春族人恪守有物共享、平均分配的习惯，鄂伦春族人主要吃兽肉，也吃野菜和鱼类，这些粮食是通过交换所得

△ 图 2-14
鄂温克族人的生产生活
（Густав-Теодор Паули 绘制，http:// sergey06081966ur.io.ua/34013138，1862 年）
游猎生产是人类早期的重要生产活动，通过狩猎获得兽肉作为主要食物，以兽皮做衣穿

△ 图 2-13　锡伯族人狩猎
（王德均 摄影，韩连赟 供图）
在狩猎场上，锡伯族人骑着马，搭弓射箭或单臂投枪，或掘井下套，或围追猎杀，猎取野猪、獐狍、黄羊、山鸡、野兔等

△ 图 2-15　锡伯族人的狩猎
（王德均 摄影，韩连赟 供图）
锡伯族人的狩猎习俗是，不管在狩猎中猎得多少野兽都会均分给所有参加者，即使是偶遇的路人。锡伯族人认为，猎物是由大自然赋予的，不是谁的专属，不能单独占有

第二节 游牧型冰雪文化

传统的游牧民族逐水草迁徙，是有目的、有计划、有限度地随着畜群进行放牧，他们按照季节区分牧场，每个季节进行数次迁徙。游牧民族在长期的生产生活中，发挥自己的智慧创造了与自然环境相适应的游牧文化。

一、牛羊

《魏书》记载高车："其种有狄氏、袁纥氏、斛律氏、解律氏、护骨氏、异奇斤氏"[1]。维吾尔族祖先回纥，自古游牧于北海（今俄罗斯贝加尔湖）以南，蒙古高原北部，其后再扩散到蒙古高原中部和其他地方。除维吾尔族外，新疆牧区的多个民族有着经营畜牧业的悠久历史，天然的大草原为他们生存与发展提供了重要的自然条件。

阿尔泰山区每年10月至次年5月会大雪封山；6月至9月是放牧时节，这时需储存冬季所需食品和饲草。生活在阿尔泰山天然牧场的图瓦人以畜牧维生，他们主要饲养牛、马、羊，一些家庭会饲养骆驼和鹿，因此会生产大量的动物奶，进而制成酸奶、奶酒、酥油、奶疙瘩等，再加上牛肉等动物肉制品，都是图瓦人的财富，能用作交换或买卖，满足生活所需。

生活在帕米尔高原的塔吉克族、柯尔克孜族等冰雪民族也以畜牧为主、农耕为辅。大部分人长期过着半定居的游牧生活。帕米尔高原山谷的河流两岸有许多天然牧场、草场和耕地，水源充沛，灌溉方便，是宜牧宜农的好地方，地理环境决定了他们的生活方式。

---

1 魏收：《魏书》卷一〇三，北京：中华书局，1974年，第2307页。

△ 图2-16 游牧民族冬季"转场"

(Shih-Chang Huang 摄影，CC BY-NC-ND 2.0, https://flic.kr/p/o5J9vz)

冰雪游牧民族在冬季，会把羊等家畜转场到"冬窝子"，在新疆北部地区，牧民每年从夏牧场前往冬牧场的转场，春季来临的时候，又会再转场到原本居住的地方。转场是一件非常重大的事

△ 图2-17 喀什周日市集

(Dmitry P 摄影，CC BY 2.0, https://flic.kr/p/74555X、https://flic.kr/p/743zek)

在喀什的周日市集中，来自新疆不同地方的各族牧民都会带着他们所饲养的牛、羊、马、骆驼和驴等来此售卖

△ 图2-18 新疆昭苏县放牧人

(Zongnan Bao 摄影,图片来源:https://unsplash.com/photos/XPF8stCDsDY)

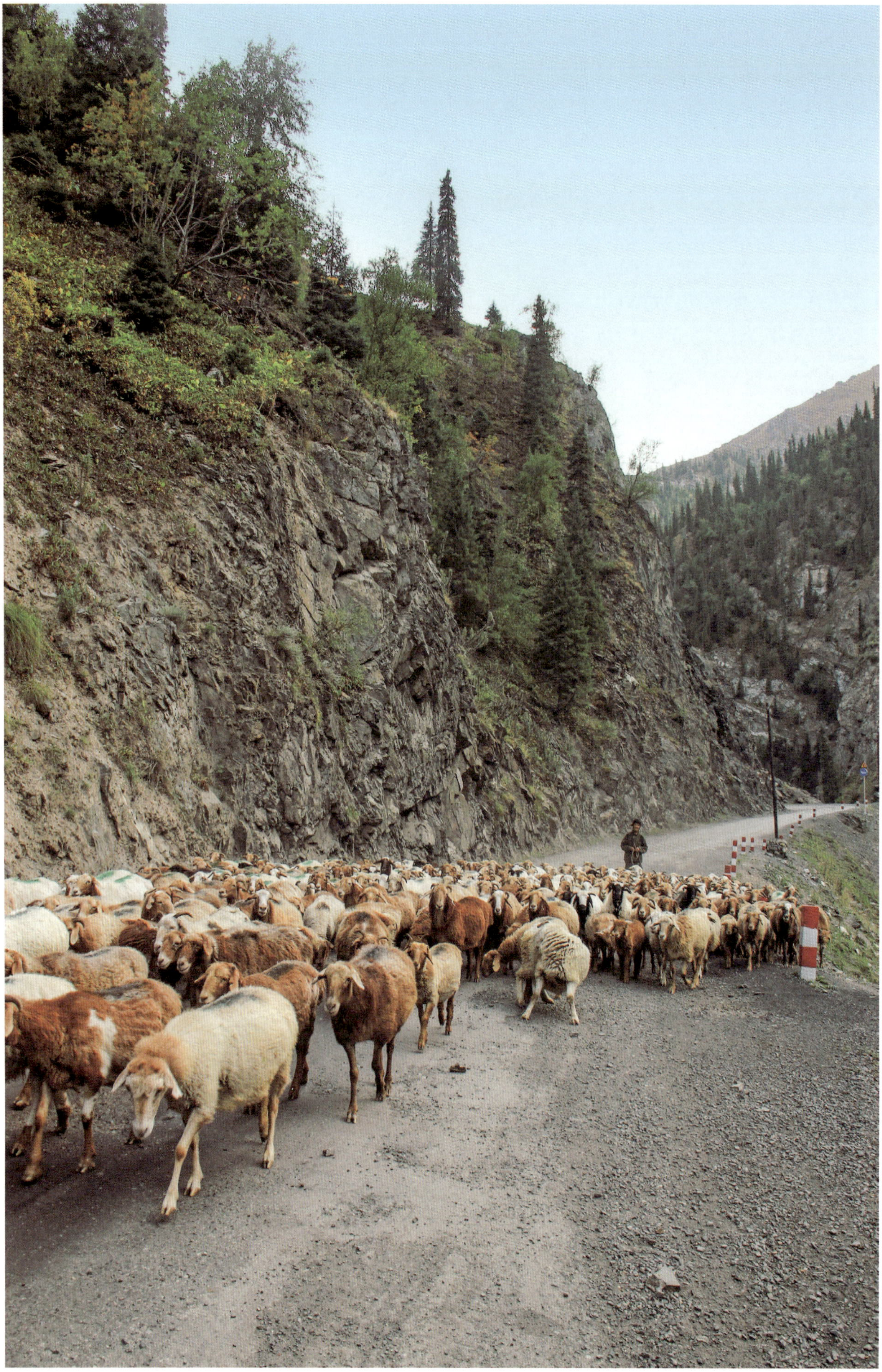

▲ 图2-20 喜马拉雅山下牧区的藏羊
（Mike W. 摄影，CC BY-SA 2.0, https://flic.kr/p/2sGWbc）

◀ 图2-19 居住在天山的牧民在放牧
（CC BY 2.0, Imageby zfilmspro from Flickr, https://flic.kr/p/dpFncg）

在西南，古代氐羌等族群都以游牧为主，通过游牧扩散到青藏高原一带，成了现时西南的藏族、羌族等冰雪民族。现时，他们仍会在各处高原山地游牧，也会在河谷和草原间开展农业生产。藏区饲养的藏羊，有白藏羊和少量黑藏羊，具有鲜明的高原环境适应特征。

藏民还会牧牦牛，牧牦牛能保证牧民自给自足。在藏族民间，牦牛常以神的形象出现，人们有崇拜牦牛的习俗。牦牛是高寒藏区唯一的牛品种，能在海拔4500米以上的高寒雪地中生活。

△ 图 2-21　在高原藏区放牧牦牛

（Swetha R. 摄影，CC BY-ND 2.0, https://flic.kr/p/rG6RXZ）

牦牛能适应高寒严峻的生态环境，对于生活在高原藏区的藏族人民来说，食衣住行，乃至信仰，都与牦牛息息相关

二、骆驼

骆驼是丝路文化中最具代表性的动物之一，在冰雪民族的生活中，它不仅是一种生产生活工具，而且还是出色的文化传播者。蒙古族在古代的游牧生活中所驯养的"五畜"便包括了骆驼，骆驼是五畜中最耐劳、耐渴、耐寒和耐饥的"沙漠之舟"。

冰雪民族驯养骆驼有着悠久历史，在长期游牧生活的冰雪民族创造出丰富的骆驼文化。现时，在阿尔泰山区、额济纳戈壁、塔里木盆地和柴达木盆地都仍然能看到野生双峰骆驼的踪影。较为人熟悉的蒙古双峰驼，除了拥有乳、绒、肉等生产性能外，还是远途运输的必备交通工具，它们除了耐渴耐饥，还能负重和耐风沙，善于行走在沙漠、戈壁中。

哈萨克族作为一个游牧民族，以畜牧为主，是个"马背上的民族"，但除此之外，他们对骆驼也是情有独钟，骆驼与哈萨克族非常亲近。哈萨克族谚语中有"马是诸畜之王，骆驼是诸畜之首"，"有骆驼的地方就有哈萨克民族"[1]之说。

▲ 图 2-22　北方冰雪民族的牧民冬季牧驼
（张柏青 摄影，《呼伦贝尔摄影》2013 年第 1 期）

1　努汗：《哈萨克谚语集》，乌鲁木齐：新疆人民出版社，2014 年，第 448 页。

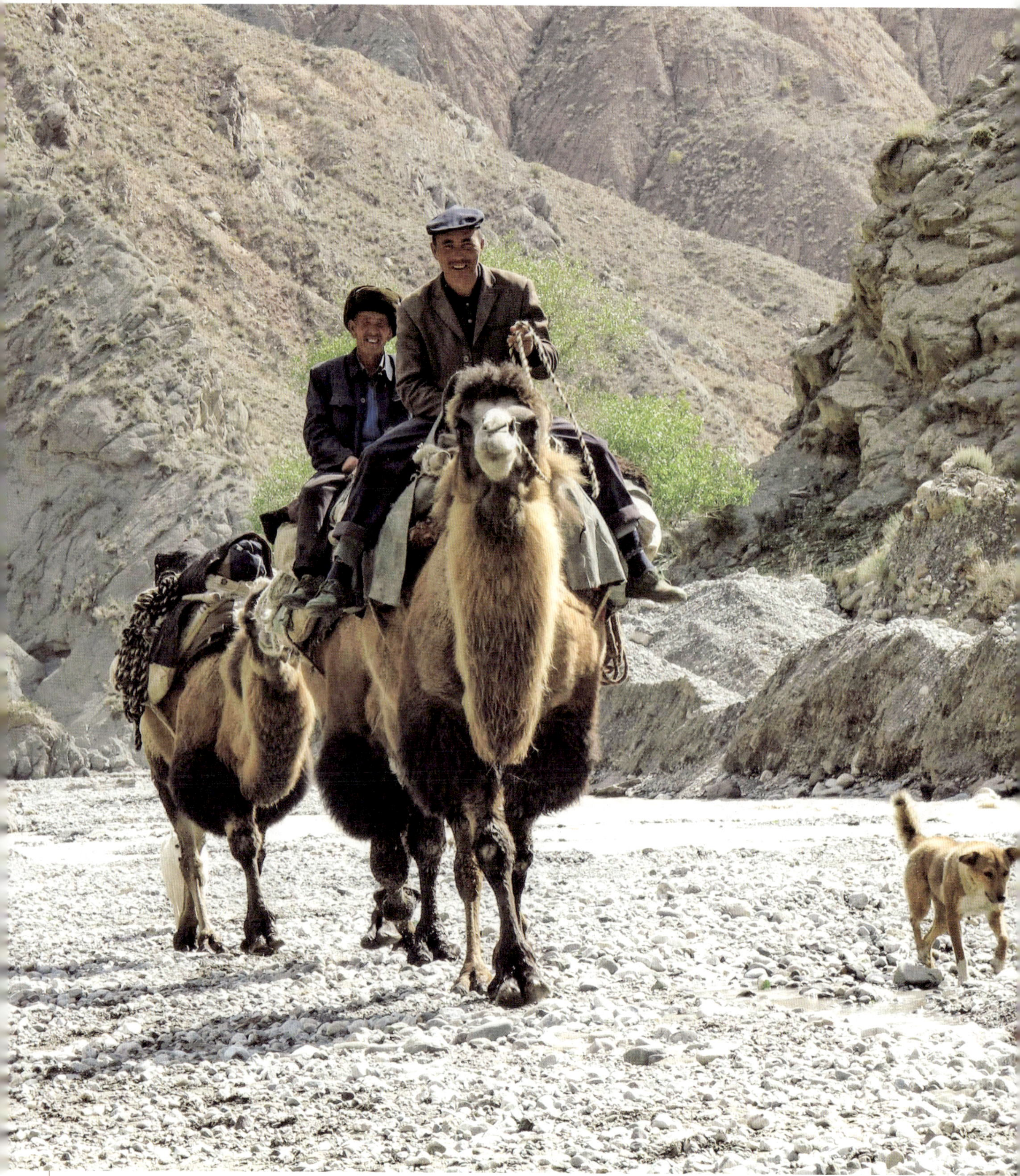

◂ 图2-23　帕米尔高原上骑骆驼的牧民
（CC BY 2.0, https://flic.kr/p/cxVSJh, Global Water Forum）

▽ 图2-24　卡拉库尔湖边牧民家的骆驼
（Dmitry P 摄影，CC BY 2.0, https://flic.kr/p/73VEc2）
《哈萨克谚语集》中有："地面承载重力，骆驼承载重物"，"哈萨克人搬家，没有骆驼带队就没有意义"，"队伍中最后的骆驼负载最重"，"漫漫长路，只有骆驼是最忠实的伴侣"，"在遥远的路上，只能看见骆驼的脚印"

三、骏马

蒙古族有"马背上的民族"之称。蒙古马是中亚草原产物,其名称源于马与蒙古族人的依存。马对于蒙古族人来说是战友,也是朋友,是生命中重要的伙伴,被蒙古人称为"铁赫"。蒙古马的马奶营养丰富,马肉热量高。作为当之无愧的马背民族,牧马是蒙古族的职守所在,马是他们的精神寄托。

塔吉克族、柯尔克孜族、鄂温克族等游牧民族也都世代与马匹为伴。马除了是重要的运输工具,还是他们的朋友,柯尔克孜族史诗《玛纳斯》有赛马、选马、跑马等描述。

马自古便是人们出门的必备工具,早在西汉年间就有详细分类,如"天马""汗血宝马""西极马"等,马是游牧民族赖以生存的一部分。值得一提的是,现存台北故宫博物院,由宫廷画师郎世宁绘画的《爱乌罕四骏卷》,是骏马图中较特殊的一卷,从外形来看,这些马匹均是阿拉伯马。爱乌罕,即现时的阿富汗。乾隆年间,爱哈莫特沙带领阿富汗军队和人民击退敌人,把领土延伸至了阿拉伯,为与清王朝交好,特送四匹阿拉伯马至清廷。在详细的画卷中,对每一匹马都有不同角度的绘制,且有马匹的名称、身高和简介,分别以满、汉、回、蒙古四种文字书写。

在西南,马在藏族人民的生活和文化中也占据着重要角色,马是青藏高原冰雪民族生活中不可或缺的伴侣,他们相互之间有着特殊感情,藏族的民歌中唱道:"要问谁是我的朋友/胯下的骏马就是我的朋友。""你来自上方还是下方/要是来自上方的桑示尔/请问我的马儿是否还在桑尕尔/它在马群中是否过得很舒服/请别隐瞒告诉我/我想它想得过不了日子。"[1] 人爱马,马也通人性。

---

[1] 夏敏:《马文化与藏族民间生活》,《西藏民俗》2000年第1期。

△ 图 2-25 蒙古马

(Cullen Zn 摄影，https://wnsplash.com/photos/YZmR1WEroPg)

马象征着蒙古族的幸运、智慧和力量，蒙古族家中常挂着一面飞马形象的旗帜，象征好运。他们认为，人死后骑着马便能长途跋涉走向天国

▲ 图2-26 天山山谷中的马匹

（CC BY 2.0, Imageby zfilmspro from Flickr, https://flic.kr/p/dpFy5J）

▲ 图2-27 《爱乌罕四骏卷》中的来远骝（左）和超洱骢（右）

（郎世宁绘，CC BY 4.0，台北故宫博物院）

乾隆二十七年（1762）冬，爱乌罕之汗爱哈莫特沙颐遣使和卓密尔汉赍表贡马，马皆高七尺，长八尺有奇；高宗赐名曰：超洱骢、来远骝、月骭骒、凌崑白，并命画院郎世宁作图《爱乌罕四骏卷》

△ 图 2-28 藏族女孩与她的马匹

（Matt Ming 摄影，CC BY 2.0, https://flic.kr/p/iH2BTy）

马与藏族人民生活息息相关，受到人们崇敬

四、驯鹿

东北的鄂伦春族、鄂温克族的日常生活中离不开驯鹿。史禄国（S. Shirokogoroff）的《北方通古斯的社会组织》（*Social organization of the northern Tungus*，1933）中指出，北方通古斯民族中有着传统的驯鹿文化。这些冰雪民族主要，生活在大、小兴安岭一带，大多都有驯鹿经验，鹿在他们的生活中也担任着神圣的角色。[1]

鄂伦春人曾有使鹿部的称谓，图理琛《异域录》记载："通古斯俱畜鹿以供乘驭驮载，其鹿灰白色，形似驴骡，有角，名曰'俄伦'。"[2] "俄伦"即驯鹿，鄂伦春也因此而得名。《龙沙纪略》中也同样记载了"鄂伦春无马，多鹿，乘载与马无异，庐帐所在皆有之。用罢任去，招之即来"[3]。

在过去，"使鹿部"鄂温克族和鄂伦春族，以及他们的"邻居"赫哲族，都盛行驯鹿崇拜。鄂伦春族和鄂温克族人饲养驯鹿主要是为了使役和祭祀。他们平时会牵着驯鹿和猎犬外出打猎，驯鹿负责驮着猎民的生活用具，猎到的猎物，会先被剥皮，然后再放在驯鹿背上，由女猎民牵引驯鹿，循着树上的标记把猎物带回。

驯鹿集药用和经济价值于一身，它的肉营养丰富，奶汁的浓度大，一直都是鄂温克族的主要食物之一；驯鹿皮可制成保暖的衣物和靴、帽，肠衣可用作缝纫的线，油和粪便可作燃料，角可制成角胶，骨头可制成骨筷、骨刀等；而驯鹿茸、鹿血、鹿胎、脑髓、鹿筋、鹿鞭和鹿尾等多个部位药用价值高，可制成药材。

---

[1] S. Shirokogoroff, *Social organization of the northern Tungus*，上海：商务印书馆，1933 年，第 1—12 页。

[2] 图理琛：《异域录》卷上，上海：商务印书馆，1936 年，第 14 页。

[3] 方式济：《龙沙纪略》，哈尔滨：黑龙江人民出版社，1985 年，第 202 页。

△ 图 2-29 骑着驯鹿的鄂伦春族人
(https://www.loc.gov/item/2018689566/, World Digital Library)

△ 图 2-30 鄂温克人住的木刻楞中及他们的驯鹿
(https://www.loc.gov/item/2018688591/, World Digital Library)

第三节　农耕型冰雪文化

一、谷物

（一）麦

新疆的农耕文化非常悠久，不少资料证实，新疆早在新石器时期已栽种大麦、小麦、糜、胡麻等。史料有对公元前2世纪西域地区农耕文化的记载："西域诸国大率土著，有城郭田畜，与匈奴、乌孙异俗。"[1] 在多样的农作物中，麦是新疆冰雪民族的主要粮食，小麦和大麦在他们生活中分别有不同作用。

另外，生活在帕米尔高原的塔吉克族人大部分散居在高原山谷里，除了放牧外，他们也会散播一些耐寒作物，他们夏天会带着牛羊到高山放牧，秋天便会返回居住地收秋过冬。塔吉克人主要种植冬小麦，夏季麦熟之后也种小米、玉米和稻谷等，他们十分注意轮作，如果某块地第一年种了稻子，第二年就种玉米，以提高产量。

◀ 图 2-31　新疆维吾尔族麦收季节
（Todenhoff 摄影，CC BY-SA 2.0, https://flic.kr/p/dAtppB）

1　班固：《汉书》卷九十六上，北京：中华书局，1962年，第3872页。

▶ 图2-32 塔吉克族播种节
（韩连赟 摄影）
塔吉克族牧民在春节过后便引水下山，紧接着就是播种节，精挑细选最好的种粮用来春播，麦收的时节一家齐上阵

▶ 图2-33 塔吉克人的麦收
（韩连赟 摄影）

　　塔吉克族的农耕节日有播种节和引水节，塔吉克语中的播种节叫"哈莫孜瓦斯特"，塔吉克语的引水节叫"孜瓦尔"。在每年春天播种首天便是节日开始之时，当日会聚集全村人，一起庆祝播种节，每家每户都会将带来的麦子放在一起，然后再选出一位大家都认为最值得敬重的长老进行撒种，被选中的长老会边念着祭词边把种子撒到站在田野中的人身上，大家会往种子撒落的地方簇拥，表示祝贺。种子撒完后，会有人牵着一头健壮的牛到田地中行走，象征耕作，并会再撒几把麦种表示开播，然后给耕牛喂饲一些形如犁铧、犁套之类的面食，表示对耕牛的慰劳。因地处帕米尔高原，气候寒冷，人口稀少，居住分散，需动员和组织全村男女老少一起出动，团结互助把水引来，水引来后，第二天便开犁播种。塔吉克人的播种节还有向客人泼水的礼俗，这一天塔吉克人家中若来客人，临别时，早已端着一盆水等候在门外的妇女待客人一出来就向他身上泼水，表示敬意。

图2-34 西藏青稞收成
（Dennis Jarvis 摄影，CC BY-SA 2.0, https://flic.kr/p/54Jrbs）

（二）青稞

青稞可说是最能代表青藏高原的农作物，在藏族古代的信仰中被喻为是一种神灵，其地位不言而喻。它有自己的等级和世系："要说青稞的先祖，他在丁尼丁草原像一只雄鹰高高飞翔；母亲是恰普季麻舒恰普苏色……青稞是忠诚的、纯净的，'六生'母青稞是神青稞，因此，要效忠于青稞，要效忠于'六生'的母青稞。"[1]

青藏高原一带的冰雪民族中，流传着不少与青稞有关的神话和传说，如《种子的起源》《粮食的来历》《五谷的来历》《取树种的故事》《青稞种子的来历》《斯巴形成歌之种植篇》《青稞歌》等。

《格萨尔》史诗中也描述了青稞的社会关系："珠玛是青稞的上师，生在山川之间的平地／玛拉是青稞的寺院，生长在田埂地边／桑赤是青稞的国卫，生长在沟口与川上／吉哇是青稞的大臣，生长在山川交界之坪／木尕是青稞的小伙子，生长在平滩与山沟／安毛是青稞的大姑娘，生长在川地上／札让是青稞的军官，生长在沟口间／大麦是青稞的儿子，生长在山川间的平地／小麦是青稞的女佣，生长在川

---

[1] 南文渊：《古代藏族关于自然崇拜的观念及其功能》，《青海民族研究》2001年第2期。

▷ 图2-35 西藏桑日县农民为青稞脱粒

(So_P 摄影，CC BY-ND 2.0, https://flic.kr/p/8uKtaM)

地之中／卡拉是青稞的男仆，生长在山沟北面／荞麦是青稞的咒师，生长在川地里／豆子是青稞的兵士，生长在广大山地／燕麦是青稞的武器，生长在任何之地。"[1] 青稞被喻为部落首领，居于顶级的位置，它与其他作物是亲属关系，并构成了农作物间的社会网。

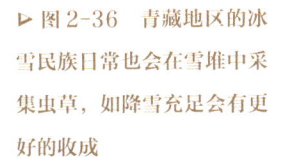

▷ 图2-36 青藏地区的冰雪民族日常也会在雪堆中采集虫草，如降雪充足会有更好的收成

(Wang Yan/News China 摄影，CC BY4.0, https://chinadialogue.net/en/business/10713-caterpillar-fungus-fever-leaves-tibetan-nomads-vulnerable/)

---

[1] 南文渊：《古代藏族关于自然崇拜的观念及其功能》，《青海民族研究》2001年第2期。

▲ 图2-37 新疆杏子收成的季节

（Todenhoff 摄影，CC BY-SA 2.0, https://flic.kr/p/dAtsXr）

谚语"早穿棉衣午穿纱，围着火炉吃西瓜"正是新疆气候的写照。新疆地处西北内陆地区，日照充足，加上受高山的冰雪水呵护，天然资源令新疆出产的水果更香甜可口

二、瓜果

"瓜果之乡"新疆除了有历史悠久的农作物外，还有历史悠久的绿洲农耕文化，维吾尔族人非常重视果树，同时也有良好的种树技术；新疆降水少、非常干燥，但日照时间较长，为当地冰雪民族提供了水果种植的天然条件，其出产的哈密瓜、葡萄、杏子等都非常有名。

葡萄是新疆的名产。据考古发现，在晋朝、唐朝时期的古墓中，会以葡萄入殉，可以看出葡萄在历史上已是受人们重视的水果。考古还发现，在古墓穴的壁画中，有租赁和买卖葡萄园的契约，以及葡萄酒的买卖记录，[1]证明葡萄在古代便非常重要。另外，葡萄酒也是新疆人家必备的。

维吾尔族称石榴为"阿娜尔"，和田皮山、喀什叶城是南疆著名的优质石榴产区，有"石榴之乡"的称号。

新疆的干果经济林以名、优、稀、特著称，干果中的薄皮核桃、红枣、巴旦杏、枸杞和阿月浑子非常闻名，因长期积累的生产技术和独特自然生产条件，有较高的经济效益。

1　王炳华：《新疆农业考古概述》，《农业考古》1983年第1期。

▲ 图 2-38　新疆水果

（Gusjer 摄影，CC BY 2.0, https://flic.kr/p/7BjrsB）

新疆出产甜瓜、梨、石榴、酸梅、桃、枣、核桃等多种水果和坚果，品质上乘

▲ 图 2-39　新疆的自然环境成就了闻名于世的香料与干果

（Dmitry P 摄影，CC BY 2.0, https://flic.kr/p/6xG3B2）

第三章
冰雪民族服居饮食

民俗学将有形的物质产品作为文化符号进行研究，通过生产生活工具等来阐释人类生存的智慧。物质民俗是指："人们在为生存和发展的物质实践活动中，长期俘获物质为自己服务形成的各类看得见、摸得着的生产工具、衣冠服饰、饮料饮品、居住交通、器用杂物、民间工艺等物品。"[1] 生活中的衣食住行是人们在长期生产生活中经验和智慧的集中体现，冰雪民俗有形物质是民族传统冰雪文化的主要载体。

第一节　冰雪民族的服饰文化

一、动物衣饰

（一）鱼皮衣饰

赫哲人以鱼皮制作衣服，因为他们自古以来就以捕鱼为主要的生

---

[1] 陈勤建：《中国民俗学》，上海：上海人民出版社，2017年，第127页。

▷ 图 3-1　赫哲族猎人

（Jackson, William Henry, photographer. *Goldi Hunter on Skis on Ice, Holding Long Spear*. Amur River China Russia, 1895. Photograph. https://www.loc.gov/item/2004708051/ ）

赫哲人主要在东北松花江下游和乌苏里江一带等地生活，在他们的生活中，会以鱼皮、鹿皮和狍皮等物料制作衣裤、乌拉和帽子，"衣鱼兽皮，陆行乘舟"

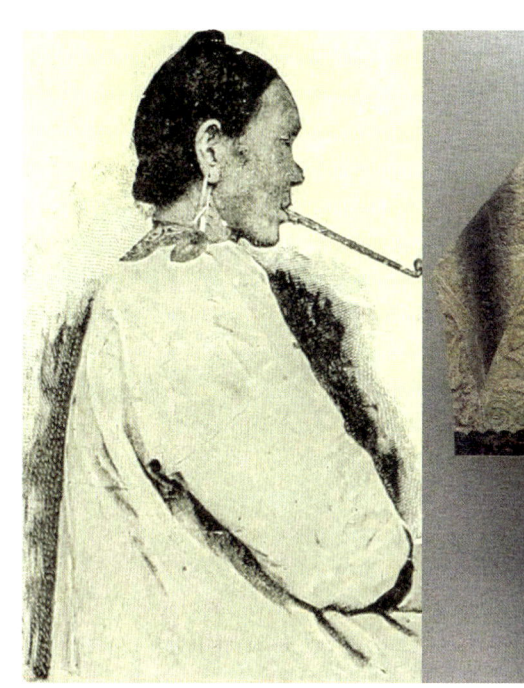

△ 图 3-2　生活在黑龙江的"鱼皮部落"女性与赫哲族的鱼皮大衣

（图左：p. 223 of *The Overland to China*, 1900；图右：Rolfmueller 摄影，CC BY-SA 3.0, https://commons.wikimedia.org/w/index.php?curid=23313562 ）

赫哲族以捕鱼维生早在 5000—6000 年前就已记录，有"夏捕鱼作粮，冬捕貂易货以为生计"[1]之说。"勤得利以下至黑龙江下游的赫哲族人中多以鱼皮做衣服。"[2] 说明赫哲族以鱼皮制服饰与他们的渔猎生产有密切关联

1　曹廷杰：《西伯利东偏纪要》，载金毓黻《辽海丛书》第60册，沈阳：辽沈书社，1931年，第31页 a。

2　张缙彦：《宁古塔山水记·域外集》，李兴盛校，哈尔滨：黑龙江人民出版社，1984年，第30页。

产活动，因此，与渔猎相关的产品也必然成了赫哲人的生活物质基础。赫哲族有"鱼皮部落"的称号，而他们的鱼皮衣饰也有相当悠久的历史，光绪《吉林通志》记载："河口东西一带为赫哲族部落，亦曰黑金，俗以其人食鱼鲜，衣鱼皮，呼为鱼皮达子……衣服用布帛者十无一二，寒时者狍鹿皮，暖时则以熟成鱼皮制衣服之。"[1] 清代的《皇清职贡图》记载："男以桦皮为帽，冬则貂帽狐裘，妇女如兜鍪。衣服多用鱼皮而缘以色布，边缀铜铃，亦与铠甲相似。做鱼皮衣服首先要选择比较大的，一般都选用十几斤或几十斤的。"清代张缙彦在他所撰写的《宁古塔山水记》中也记载："鱼皮部落，食鱼为生，不种五谷，以鱼皮为衣，暖如牛皮。"[2]

赫哲人所猎得的鱼类中，可制鱼皮的鱼类有：哲罗鱼、马哈鱼、怀头鱼、鳞鱼、鲇鱼、狗鱼、鳇鱼、鲤鱼、胖头、刀鱼等，赫哲族的鱼皮服饰主要包括鱼皮衣（"乌提库"）、鱼皮套裤（"卧又克依"）、鱼皮帽（"阔日布恩出"）、鱼皮手套（"卡其玛"）、鱼皮靴（"温塌"）等。使用鱼皮作制衣原料，除了是因为赫哲人的渔猎生产生活，也因为他们生活的地方"不生五谷，不产布帛"，不能种植麻或棉等织制布帛的原材料，也因冬季大雪封山阻路，物品不容易运送至他们所住的地方，因此棉麻布类较为稀缺。

赫哲族以鱼皮造衣须经过剥取鱼皮、熟制鱼皮、缝合鱼皮、染色与装饰几个工序。鱼皮衣多为长衣，主要是女性穿着，鱼袍有保温、轻盈、耐磨、耐水和防潮的特点，特别在寒冬季，不会因为碰水而硬化或沾上雪和冰。鱼裤是赫哲族人狩猎捕鱼的工作服，鱼皮裤大部分由哲罗鱼、怀头鱼或狗鱼的鱼皮制作，男女皆可穿着。而鱼皮靴一般用哲罗、怀头、狗鱼或细鳞等鱼皮制。鱼皮手套有的是用布制，有的用鱼皮制。鱼皮帽大多由老人佩戴，用在夏天防止蚊虫。鱼皮绑腿则是猎人的装备，令猎人在寒冬走在树林和雪地中狩猎时更方便。

1　光绪：《吉林通志》卷二十七《舆地志十五·风俗》，第27页b、28页a。
2　张缙彦：《宁古塔山水记》第74条，"中国哲学电子化计划"线上古籍检索系统。

（二）兽皮衣饰

中国多个狩猎民族的冰雪生活与动物有着密切的联系。狩猎民族的传统服饰以动物的皮毛为主，猎人将猎获的狍子、貂、鹿、犴、猞猁以及灰鼠等动物的皮子晾干，把皮板上的肉筋刮掉，后用"克得烈"把外面的毛刮掉，再用"毛克得烈"反复揉搓，皮子很快就柔软了，最后用朽木把皮子熏一熏，将皮子熟好了就可用来制作各种服饰和生活用品。皮质服饰主要有皮袍、坎肩、皮袄、皮裤、套裤、帽子、手套、皮靴、烟荷包、皮包、皮褥、皮被等。皮袍是牧民的主要服装，板质坚韧，绒毛丰厚，遮风挡雨，保暖防潮，舒适耐磨，结实保暖，日衣夜被，四季皆宜。为保暖御寒，游牧民族用动物皮毛等制作了精致实用的皮靴、帽子、手套、披风等。

▲ 图 3-3　鄂温克族服饰（方征　供图）

狩猎民族根据四季冷暖时序的更替，选用不同季节的动物皮毛制作服饰。冬季动物皮毛厚而且长，保暖性好，能够有效抵御寒冷空气的侵袭，特点是宽松、斜大襟、肥大、束腰带

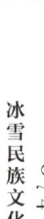

△ 图3-4 穿着的兽皮衣服参与草原冬季那达慕（方征 供图）

"高高的兴安岭，一片大森林，森林里住着勇敢的鄂伦春……"这首歌曲描绘了鄂伦春人的生活环境。

鄂伦春族服饰有长袍、双翻领短上衣、皮披肩等。他们所穿的皮裤分为套裤和裤子，冬季的皮裤是用狍皮制成的。鄂伦春族会戴帽御寒，他们的帽子主要分动物头帽和毡帽。鄂伦春人冬天也会穿皮靴保暖，他们戴的手套是狍皮制成的。因长期生活在寒冷干燥的气候中，鄂伦春人不论任何季节，所有装备从里到外都以毛皮制成，形成与大自然为一体的服饰文化。

鄂温克老年男人喜欢穿着黑色，妇女喜好蓝色或带花的服饰，青壮年偏好青色和草绿色。鄂温克族的帽子，以鹿皮和狍头皮做外，灰鼠皮和猞猁皮做内，轻便且保暖，狩猎时也可借以伪装迷惑动物。靴子则分有毛和无毛的悍腿靴。手套也分有毛和无毛，五指全开或是拇指和四指分开的手套，手臂绣有花纹。住在农耕区的鄂温克人，多以狍子皮制作衣服，以方便农耕为主；住在猎区的鄂温克人，以兽皮制作衣帽和鞋靴等。近百年来，鄂温克人开始用棉布做衣服，男女均穿坎肩，着兽皮靴子。

△ 图 3-5　穿着民族服饰的蒙古族人

[p.444 of "Unknown Mongolia : a record of travel and exploration in north-west Mongolia and Dzungaria" (1914)]

《说文解字注》云："裘之制毛在外，故像毛文。"[1] 天子六冕中，大裘冕于帝王祀天。大裘是以黑羔皮为之，以示其质朴。在裘之中以狐裘为最贵，且又重狐白的毛裘，其次是狐青裘、麋鹿裘、虎裘、貉裘，再次则为狼、犬、羊等皮毛

△ 图 3-6　鄂伦春族人一家

(Public Domain, https://commons.wikimedia.org/w/index.php?curid=95776003)

自古鄂伦春族人就游猎于绵亘数千里的大、小兴安岭中，这里的野生动物在数量和种类上都非常多，食兽肉、衣兽皮，鄂伦春族人创造了适合于森林游猎生活的服饰文化

1　段玉裁：《说文解字注》（三），国学基本丛书简编，上海：商务印书馆，1912 年，第 133 页。

蒙古族服装总称为"德勒",为右衽、束带的长袍,男子与女子的服装样貌上无太大的差别,唯一不同的是女子多以花布或浅色衣料制衣,也有较多的镶边;男女皆会束带,丝质,与衣袍同色;较厚的夹袍称作"呼本提·迪鲁",另外还有称作"帕坦斯"的丝质背心,罩在袍子外头,背心上会做装饰。蒙古人的鞋子称为"可特鲁",外形是无跟马靴,鞋尖上翘,冬季寒冷时还会加上称为"奥伊木思"的袜子。因其地域特色的差异,蒙古族传统民族习性可分为放牧型和狩猎型,草原文化特征在蒙古族服饰中有明显的体现。

蒙古族人冬季喜穿皮质长款服饰、短袍,服饰的色彩也随着季节的更替而有所改变。

《礼记》载:"短毋见肤,长毋被土。"[1]古代北方民族服袍者古今皆多,长可达踝,短能护膝,冬季服皮毛、棉袍。蒙古袍是蒙古族传统服饰文化艺术中的重要代表,内蒙古地区各部族所保留的传统蒙古袍各具特色、各有特点。

古代满族男子主要穿着马褂、长袍和坎肩,他们一般留长发、结辫,他们的鞋分平底和高底,但较常穿着皮靴,保暖和方便骑射。旗袍是满族女性的经典服饰,随着时代变化,旗袍样式一直在改变。她们会盘髻,穿着旗鞋。至今为止,头饰仍是满族的服饰中最为主要的特点。

满族在东北沿江两岸和林区生活,气候寒冷,一直以采集、狩猎和捕鱼维生,在严寒漫长的冬天,他们会以狩猎获得的野兽毛皮为原料,加工制成防水、防潮,且保暖性强的服饰,满族以兽皮制衣之事有不少文献记载。《大金国志》记载:"化外不毛之地,非皮不可御寒,所以无论贫富皆服之。"[2]《三朝北盟会编》记载:"冬极寒,多衣皮,虽得一鼠,亦褫皮藏之,皆以厚毛为衣,非入室不撤。"[3]《建州闻见录》记载:"冬寒皆服毛裘,所戴之笠,寒暖异制……以毛

---

[1] 钱玄、钱兴奇、徐克谦:《礼记》下卷,长沙:岳麓书社,2001年,第777页。

[2] 宇文懋昭:《大金国志》卷三十九,上海:商务印书馆,1936年,第298页。

[3] 徐梦莘:《三朝北盟会编》,上海:海天书店,1939年,第22页。

△ 图 3-7 满族服饰
（USC Digtal Library，左图：http://digitallibrary.usc.edu/cdm/ref/collection/p15799coll123/id/64796；右图：http://digitallibrary.usc.edu/cdm/ref/collection/p15799coll123/id/64803）

皮为之。"[1]

达斡尔族人一般只穿着皮衣，极少数人会穿布衣。达斡尔族穿着的靴子为皮制的底部和皮筒，靴的底部多由狍脖皮或鹿皮和牛皮制成，靴子里会放乌拉草。穿以羊皮或狍皮制成的袜子，皮手套或套袖是以兔皮、羊皮或狗皮制成。达斡尔人戴的皮帽以狐狸、狼或狍头皮制成，这种帽子除了保暖耐戴外，也可当作猎人狩猎时的"保护色"。

藏族传统服饰与其他游牧民族有异曲同工之妙，基本特征也是肥腰、长袖、大襟、右衽，一般内穿衬衣、衬裤、围裙，外穿袍子，袍子很长。藏区天气复杂，气温变化快，而藏袍可以适应不同情况，夜里冷的时候用肥大的袍子当被子来盖。藏民爱戴帽子，喜穿牛皮靴，还常佩戴各种头饰和首饰，质地上以皮革和氆氇（羊毛纺织物）为主，不同地域、不同社会阶层有各自的服饰风格。

日喀则农区的男士藏袍多以黑、白氆氇为主，在领口、袖子、衣襟和长袍边底会有花氆氇贴边，女士冬季藏袍穿长袖，腰系"邦典"。日喀则牧区地势高寒，所以藏民几乎终年都穿着长袖皮藏袍，牧民皮袍的袖口、襟、底边也有一些装饰。山南地区地处雅鲁藏布江

---

[1] ［朝鲜］李文奎：《建州闻见录》，载潘喆、李鸿彬、孙方明：《清入关前史料选辑》，北京：中国人民大学出版社，1991年，第472页。

△ 图 3-8 拉萨地区妇女

（Dennis Jarvis 摄影，CC BY-SA 2.0, https://flic.kr/p/53aLZN）

拉萨地区的藏袍，以简洁素雅为特色，多穿着大领无袖长袍，材质大多为氆氇或毛料，内里会穿一件白色或彩色的高领衬衣，并系上丝质或毛织腰带，腰带上面会挂一些装饰物

△ 图 3-9 阿里地区藏族人民一家

（Yuen Yan 摄影，CC BY-SA 2.0, https://flic.kr/p/ak3HrV）

阿里地区的藏袍独具特色

中下游，是藏文化的发祥地之一，因为地理位置的关系，所以山南地区的服饰就有多地域混合的特点。阿里地区位于高寒地带，是以牧业为主的地区，由于交通不便，所以相对较少与外界接触，服饰还保留着古代吐蕃的服饰特色。那曲地区地势高、寒冷、气候干燥，因此牧区的居民除使用氆氇、绸缎外，多用毛皮来作为藏袍的服饰用料。那曲地区男子长袍多用绸锦缎面料，镶宽幅兽皮边制成，且内穿镶金边的高领长袖衬衣和织锦缎无袖马甲；妇女的长袍，则多用素色氆氇和艳丽的织锦缎镶以宽幅毛皮边制成，藏袍的长度在系上腰带之后依然很长，大概只会露出脚趾的部分。

西北地区的维吾尔族人生活受古西域以及外来的波斯文化和伊斯兰教文化影响，服饰以毛织为主。维吾尔女性喜欢戴艳丽的头巾，穿"艾德莱丝绸"缝制的鲜艳色彩的连衣裙。男子爱穿竖条"拜合衫绸"制作的无领外衣，冬季会戴羊皮帽。

△ 图3-10　青海藏族人民

（Gill_penney 摄影，CC BY 2.0, https://flic.kr/p/4mZcnG）

在藏族民间有一首民歌唱道："雪山金光闪，帐篷搭在草地上，藏族人民就这样，生活在高原上。"青藏高原气候严寒，太阳辐射强，温差大，藏袍的形制和穿着习惯展现了藏民族的生活智慧

△ 图 3-11 维吾尔族男子

（Todenhoff 摄影，CC BY-SA 2.0, https://flic.kr/p/dAt2eR）

△ 图 3-12 维吾尔族妇女

（Todenhoff 摄影，CC BY-SA 2.0, https://flic.kr/p/dAtsUr）

信奉伊斯兰教的维吾尔妇女，在外出时会穿戴稍微保守但又色彩缤纷

△ 图 3-13 马背上的哈萨克牧民与他的猎鹰

（David Baxendale 摄影，CC BY-ND 2.0, https://flic.kr/p/2kLKrZN）

哈萨克族传统服装主要用牲畜皮毛制成，为了方便骑马，一般制作得很宽大

◁ 图 3-14 新疆琼库什台草原哈萨克村的一位 83 岁的男子，戴着传统的帽子

（Ceyhun Kavakci 摄影，CC BY-SA 2.0, https://flic.kr/p/oQqvu8）

哈萨克族的传统服饰中，帽子是不可或缺的，在不同地区和部落，帽子也会不同

而同在新疆的哈萨克族主要过着游牧生活，因此其传统服饰具有浓厚的牧区生活特点。哈萨克男子冬天一般穿着棉衣或皮衣，哈萨克大衣"库普"一般为对襟和翻领，内有驼毛，下装多为结实而宽松的棉裤或皮裤。哈萨克女子会穿着连衣裙，年轻女子的连衣裙色彩鲜艳，姑娘多穿绣花套裤，冬天也会穿皮衣或棉衣。

在冬天，哈萨克族男女都会穿着高筒的皮靴，男性的高筒皮靴分狩猎穿和一般穿，一般都是过膝皮靴，而女性穿着皮靴时通常会再加一个套鞋，他们冬天也会穿着比靴子长的毡袜。

在阿尔泰地区一些部落，流行一种被称为"三叶"的皮帽，这种帽子一般用狐狸皮或羊羔皮制成，帽子顶部以鹰毛制成缨；在伊犁地区，流行一种称为"标尔克"的皮帽；乌鲁木齐地区的三叶皮帽在不同部落有较高和较矮之分，而女性一般喜欢戴水獭皮制的圆帽，帽子顶部会绣花，也会点缀一簇猫头鹰毛。

二、植物衣饰

有些民族曾以树叶和树皮制作服饰，对此亦有文献记载。陈鼎在其《滇黔记游》下卷《滇游记》中记载："夷妇纫叶为衣，飘飘欲仙。叶以野栗，甚大而软，故耐缝纫，具可却雨。"[1]《云南通志》记载当地的基诺族、景颇族"以树皮毛布为衣，掩其脐下"[2]。《丽江府志稿》也记载："俅人，男女皆披发……树叶之大者为衣。"[3] 清代，一些冰雪民族仍以初民社会状态生活，他们以树皮和树叶制作衣饰的情况非常普遍，甚至直至1949年后，部分生活在高山深谷中的冰雪民族，仍会以植物的皮和叶制作服饰。如，佤族人喜爱以棕皮为衣；傣族人喜爱

---

[1] 转引自杨国才：《少数民族女性知识的缘起和发展——以传统手工艺服为例》，《云南民族大学学报》（哲学社会科学版）2010年第2期。

[2] 乾隆《云南通志》卷二十四《土司》，《钦定四库全书》史部十一·地理类，第50页a。

[3] 转引自高志英、段云红：《1910年以前独龙族社会经济文化略论》，《云南民族学院学报》（哲学社会科学版）2002年第4期。

以箭毒木树皮制作衣饰；部分苗族人和瑶族人爱以桐树皮制衣；鄂伦春族人会以桦树皮制作衣饰和各种用途的盒子；鄂温克族人会采用杏木、桦木制作衣服上的纽扣、帽子或饰品等。

《华阳国志·南中志》记载："有梧桐木，其华柔如丝，民绩以为布，幅广五尺以还，洁白不受污，俗名曰桐华布。"[1]一部分生活在湖南的苗族和瑶族会把梧桐树皮砍下，把树皮用水浸泡，用木棒捶打，打好后洗去杂质，取出树皮的纤维，织成布料制作服饰，也可纺成细线，用来缝制鞋帽。另外，生活在云南的克木人会用构皮树的树叶粘成一大片制作成衣服，用来遮挡身体和保暖。

然而，一些以农耕主要生产方式的冰雪民族，多以他们所种的麻作为衣饰，历史也相当悠久。其中，早在南诏时代，云南傈僳族便有相关记载，《南诏野史》记载他们"衣麻，披毡"[2]。在西南，不少苗族和瑶族人都以农耕维生，他们喜爱种麻，收割麻后会把它的叶皮去掉，把它的纤维留下并晒干，便能纺成麻线用以织布制衣。麻布是

△ 图3-15 鄂伦春族妇女素琴在桦树皮盒子上添绘色彩
（庄学本 摄影，1954年）

◁ 图3-16 披上独龙毯参与活动的独龙族男子
（Claire Liy 摄影，CC BY-SA 3.0, https://commons.wikimedia.org/wiki/File:H.the_Mangluo_dance.jpg#/media/File:H.the_Mangluo_dance.jpg）

---

1 常璩：《华阳国志》卷四，北京：商务印书馆，1938年，第60页。
2 杨慎、胡蔚：《南诏野史》卷下，昆明：云南书局，1880年，第32页。

苗族妇女的最爱，她们从小便学会织麻和捻麻线，她们都懂得纺织麻布、制作麻衣、麻草鞋和麻花帕等。

生活在云南西北部怒江上游的独龙族，与外界较为隔绝，因此他们一般自己制作衣服，他们所制的服饰一直都保留着较原始的状态。

纺织技术传入前，独龙族一般都以树叶和兽皮制作服饰，纺织技术传入后，独龙族便以纺织为制作服饰的主要方式。独龙族服饰较讲求材料和图案，他们的衣服大部分都以植物为原材料，如棉和麻，而他们的饰物多以藤和竹制作，他们较少使用动物的皮毛。独龙族认为"万物有灵"，因此，他们服饰上的图案一般都是生活中常见的景物和图腾。

第二节 冰雪民族的居住文化

一、仙人柱

"仙人柱"又叫"撮罗子"，它在不同的冰雪民族中有不同的称呼，如"楚伦安噶""莫纳""窝棚"等，冬季的仙人柱会盖上兽皮，夏季则以白桦树皮覆着，这是冰雪狩猎民族的传统居住方式。仙人柱一般用三根带杈木杆互相咬合构成主干，撑起来后再搭上20多根木杆，然后再放上覆盖物。仙人柱会建在方便取得水、木、柴，并阳光好和地势较高、较平坦的地方。仙人柱最早在北朝时期便记入史书，当时的室韦人以"桦皮盖屋"，他们的后人（鄂伦春族人、鄂温克族人等），把仙人柱世代流传下来。清代，《北徼纪游》记载："鄂伦春俗无庐舍，无布帛，亦不耕种，散处山中，以游猎为业，随兽之所

◁ 图 3-17
鄂温克人居住的仙人柱
（https://travelask.ru/articles/evenki-tungusy-aristokraty-sibiri-pod-polyarnoy-zvezdoy）
冬季的仙人柱会搭上五六十张由狍皮制作的扇形围子，再用一块狍子皮做门帘

△ 图 3-18　新疆塔塔尔人的居所（右侧即仙人柱）
（https://www.loc.gov/item/99615498/）
多个冰雪民族都会住在仙人柱里

在，踪迹之，即于其处支木为架，复于兽皮居之。"[1]仙人柱搭建的材料非常方便易取，一般能就地取材，搭建仙人柱所用的木杆多为柳木和桦木。

仙人柱内部的物品精简，主要是铺位。仙人柱正对门的铺位一般是供神的地方，叫"玛路"，只许男性使用。铺位有席地铺和木架铺之别，席地铺一般钉在地面，再铺上桦皮和狍皮、干草等，木架铺则是在地面上立四根小木柱，然后在上面放两根横木和木杆，再铺上狍皮和干草。使用仙人柱的冰雪民族较多使用木架铺，因为它较方便也不易受潮。仙人柱内的正中间是火塘，火塘会放一个铁锅或吊锅，用来做饭和烧柴保暖，火塘的火长年不灭。

每户仙人柱后方几乎都会有一棵小树，树上挂着几个桦树皮盒，用来供奉神灵。每个家族的仙人柱会以一字排开或弧形排开，不会前后排列。搬迁仙人柱时一般都会丢掉其骨架，保留覆盖物，搭建和拆卸仙人柱都由妇女负责。东北很多冰雪民族都视火为神灵，他们会在特定的日子，在位于仙人柱南方两侧燃起两堆篝火，仙人柱内的火塘也要比平日燃烧得更旺盛。直至午夜，全家要起来崇敬火神，他们会先后向仙人柱外的篝火跪拜，全家再回到仙人柱内向火塘跪拜，他们要把酒和兽肉等食物扔到三个火堆中。除东北大部分狩猎游牧民族外，西北和西南地区的一些冰雪民族，也同样以仙人柱的方式建造自己的居所。

二、蒙古包、毡房

长期以来，生活在北方广阔的内蒙古草原的游牧民族就居住在"蒙古包"或"毡房"里。毡房的生产可追溯到青铜器时代，也有不少人提出过蒙古包源于仙人柱之说。在牧区生活的蒙古族、哈萨克族、柯尔克孜族、藏族等冰雪民族自古以游牧维生，一年四季都会转

---

[1] 宋小廉：《北徼纪游》，哈尔滨：黑龙江人民出版社，1984年，第12页。

△ 图 3-19　柯尔克孜族和哈萨克族的牧民毡房（Katorisi 摄影，2001 年）
柯尔克孜族和哈萨克族的牧民一般都会按季节转场放牧。与蒙古包相似，他们所居住的毡房比较简易，方便携带

移牧场，居无定所，蒙古包和毡房，正是他们为适应流动生活而发明而成的居室。哈萨克语中的"克宜孜宇"即毡房，与蒙古族居住的蒙古包都是同一类型的居室，它们在建造细节上有不同，但它们主要都是以毡和木为主材，一般由房杆、顶圈、栅栏、房毡和门等结构组成。这种居室的特点是容易拆卸和搭建，结构简单，方便游牧搬迁。

这种居室历史已相当悠久，也有不少文献记载。《史记》中载有"穹闾"、《淮南子》载有"穹庐"、《匈奴传》载有"穹庐"等，如"匈奴父子乃同穹庐而卧"，吐谷浑"有屋宇，杂以百帐，即穹庐也"。西汉时，刘建之女刘细君公主远嫁，《汉书》引述她在诗歌《黄鹄歌》中，描绘到乌孙（哈萨克族）的生活："穹庐为室兮旃为墙，以肉为食兮酪为浆"[1]，"穹庐"指的就是哈萨克族的毡房。由此可见，早在 2000 多年前哈萨克族先祖已在毡房里居住。

古代的乌桓、匈奴、柔然和鲜卑等部落，都居住在"穹庐"。

▷ 图 3-20　帕米尔高原上的毡房
（Kevincure 摄影，CC BY 2.0, https://flic.kr/p/6JRBqs）
毡房顶部天窗上的毡盖能随时打开透光通风，风雪来袭时也能盖上阻挡风寒，毡房正中央是火塘，房子前方用来放物品和日常用具，后方住人，右后方能摆放炊具和存放食物。冰雪民族除了在毡房食宿外，还会在里面举行歌舞会等活动

---

[1] 班固：《汉书》卷九十六下，北京：中华书局，1962 年，第 3903 页。

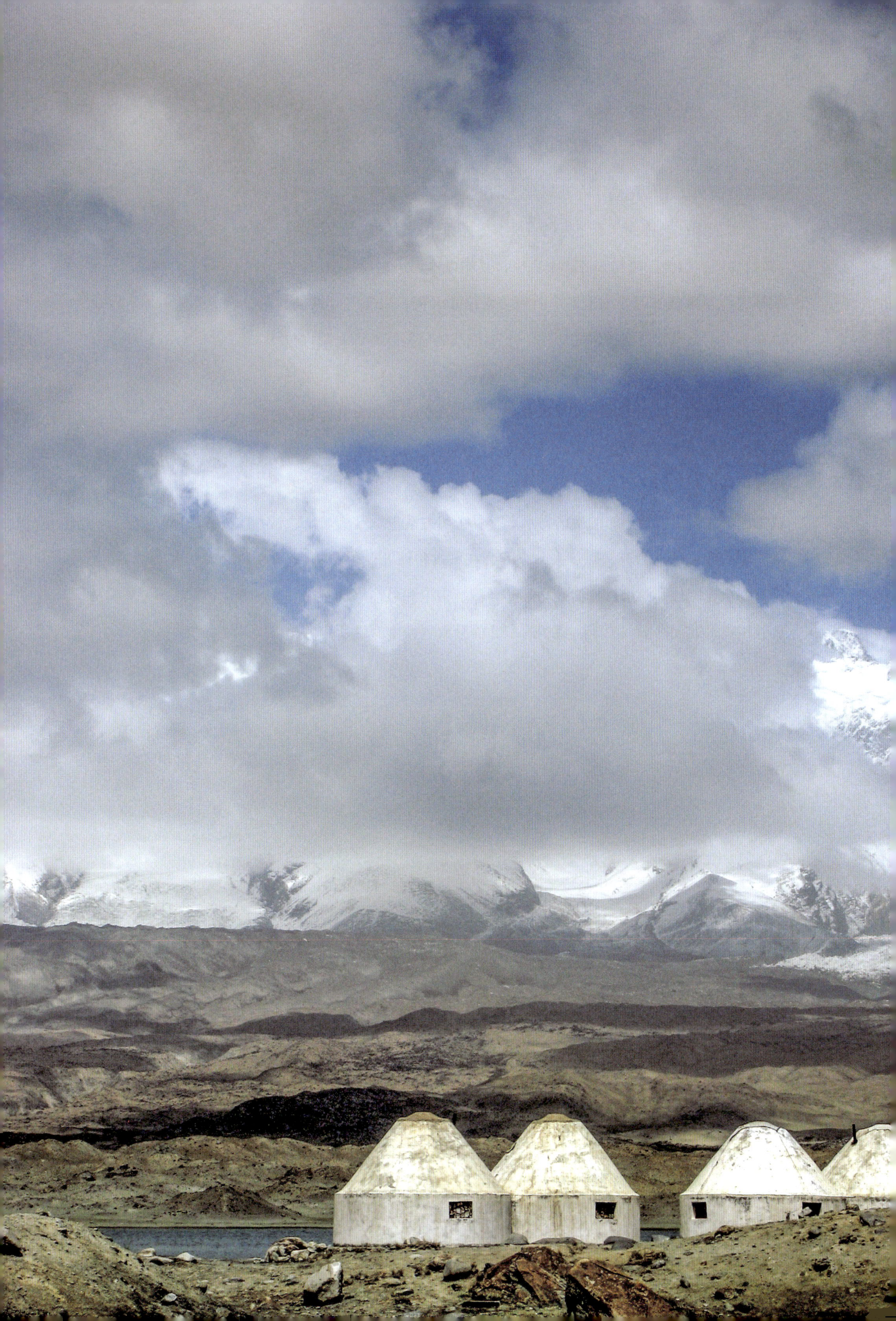

《蒙古族简史》中便记载了在草原生活的游牧者居于"帐幕"或"毡帐",他们因此被称为"有毡帐的百姓"[1],他们所居住的"帐幕"是"结枝为垣,形圆,高与人齐。上有橑,其端以木环承之。外覆以毡,用马尾绳紧束之。门亦用毡,户向南。帐顶开天窗,以通气吐炊烟,灶在其中,全家皆处此狭居之地"[2]。上述记载的这些帐幕即是蒙古包的前身。彭大雅撰写的《黑鞑事略》记载:"穹庐有二样,燕京之制用柳木为骨,正如南方罘罳,可以卷舒,面前开门,上如伞骨,顶开一窍,谓之天窗,皆以毡为衣,马上可载。草地之制,用柳木织成硬圈,径用毡挞定,不可卷舒,车上载行。"[3] 上述记载指出,北方的游牧生产与蒙古包、及当时的生产力水平有着密切关系。

蒙古族以西北为尊。在过去,人们会在蒙古包西北侧供奉神像、佛龛和祖先牌位;西南摆放的是马鞭、马鞍、猎枪和弓箭等的狩猎和放牧用具;北面一般放桌子,桌子的东北面会放置家中女性所用的箱

◀ 图 3-21
居住在帕米尔高原的一家
蒙古包内部的中央为"火撑",即火塘,火撑象征着繁荣(Candiru 摄影,Public domain, https://flic.kr/p/6LLeuS)

---

1 《蒙古族简史》编写组:《蒙古族简史》,呼和浩特:内蒙古人民出版社,1985 年,第 119 页。
2 [瑞典] 多桑:《多桑蒙古史》上册,冯承钧译,上海:上海书店出版社,2008 年,第 28 页。
3 彭大雅:《黑鞑事略》,上海:商务印书馆,1937 年,第 3 页。

子；东侧一般摆放一些柜子，用来放碗碟类、奶品和茶叶等；东南侧用作放置奶具和炊具等。

三、木屋

（一）木刻楞

因捕鱼有季节性，所以赫哲人在捕鱼期一般会在江边搭建一些"介"字形的临时居所，后世发展成"木刻楞"。对这种以桦树皮和茅草搭建的"介"字形的木刻楞，不少文献有记载。《辽东志》记载："人无常处，惟逐水草，桦皮为屋，行则驮载，住则张架。"[1]《黑龙江志稿》记载："赫哲人无庐舍，以木为架，覆以茅或盖以桦皮，四周亦以木皮裹之，大如一间屋，数口栖聚于中，谓之曰磋落。居无定处，或一月一迁，或终岁数迁。移动时，男妇数人负之而去。"[2]

"嘎深"是赫哲族聚居的地方，《满洲实录》中把这个地方称作"寨"，即村屯。这些屯落的选址很有规律。凌纯声《松花江下游的

▲ 图 3-22 黑龙江边的木刻楞

(Jackson, William Henry, photographer. Goldi fishermen's house on the Amur River. Russia Siberia, 1895. Nov. Photograph. https://www.loc.gov/item/2004708052/; Jackson, William Henry, photographer. Goldi village on the Amur, north of Khabarovsk; dog tied in foreground. Russia Siberia, 1895. Photograph. https://www.loc.gov/item/2004708055/)

1　任洛：《辽东志》卷九、载金毓黻《辽海丛书》第9册，1931年，第5页a。
2　民国《黑龙江志稿》卷六《地理志·风俗》，第26页b。

赫哲族》中记述："以鱼为主要食物的赫哲人，为了谋生便利起见，他们的住处都在江河沿岸。所以松花江、乌苏里江、黑龙江成了赫哲民族的三个大本营。房屋建筑都在江岸的高处，以避免江水的泛滥。"[1] 木刻楞就是村屯中的一种建筑，它以圆木叠建起造，外围的墙壁以一根根的圆木搭建，建造时，需刨平圆木叠压部分，在四个角的交接处都要刻出呈犬牙形的卡口，把这些圆木交错咬合起来，这样墙壁便非常结实坚固。

20世纪50年代的《赫哲族社会历史调查》也有记载，赫哲族所居住的房屋墙身均以粗木搭建，两端以木杆牢固，里外抹泥，这种居所正是木刻楞建筑。[2] 除赫哲族外，不少冰雪民族也有木刻楞居所，如鄂伦春族、鄂温克族等民族，他们中的部分人住在仙人柱中，部分人住在木刻楞中。

木刻楞也是俄罗斯族的典型民居建筑，长久以来，俄罗斯族吸收了维吾尔族、汉族、哈萨克族等民族的建筑文化，再结合地理和气

△ 图3-23
19世纪末的一个赫哲族村落·典型的木刻楞房
（Jackson, William Henry, Photographer. Goldi village on the Amur, north of Khabarovsk. siberia Siberia. russia Russia, 1895. Nov. Photograph. https://www.loc.gov/item/2004708043/）
间宫林藏《东鞑纪行》（北京：商务印书馆，1974年，第25页）中记载，这里的人在19世纪初"不穴居者之住房，大抵有五六间见方至八间许见方，用方木制成，四面留有门窗，用以取光，并作出入用"

---

1 凌纯声：《松花江下游的赫哲族》，上海：上海文艺出版社，1990年，第77页。
2 《民族问题五种丛书》黑龙江省编辑组：《赫哲族社会历史调查》，黑龙江：黑龙江朝鲜民族出版社，1987年，第157页。

△ 图 3-24 木刻楞
（Brian Jeffery Beggerly 摄影，CC BY 2.0, https://flic.kr/p/DAiqYN）
建造木刻楞要先以石头打好地基，然后对木材雕刻和打造，并将木材多层叠垒，再倒入水泥注实

△ 图 3-25 木刻楞
（Brian Jeffery Beggerly 摄影，CC BY 2.0, https://flic.kr/p/Enzvhd）
20 世纪 80 年代，木刻楞被加以改造，发展成适合不同气候的居住建筑类型

候，形成富有俄罗斯特色的民居建筑。现时，东北、内蒙古和新疆一带的冰雪民族也会居住在木刻楞中，木刻楞也从古时的建筑方法逐渐更新。

（二）图瓦木屋

新疆北部的禾木村住着图瓦人，他们也用木头建造房子。图瓦人祖先也不约而同使用与木刻楞相似的方式，搭建出以圆木为主体的临时居所。现时，新疆禾木的图瓦人仍会住在这种木屋内。

在禾木村，图瓦木屋都是尖顶长方形，几十间房子连在一起，在房子里面，数个木柱上架设着檀木，而檀木上又再放置椽木，村民会在椽木上涂草泥。

▲ 图3-26　新疆禾木村·图瓦木屋

（Matthew Lee 摄影，CC BY 2.0, https://flic.kr/p/7y2n5t）

新疆北部禾木村的图瓦木屋也是"介"字形，村民会在木头两端挖槽，然后相互嵌扣，再一根根向上垒建，与木刻楞的建造方式相似。图瓦木屋讲究每家的门都要朝东，新屋上梁时要扯白布，是祈福的意思

▲ 图3-27　图瓦木屋

（Matthew Lee 摄影，CC BY 2.0, https://flic.kr/p/7xZwYa）

四、穴居、窑洞

在漫长的历史长河中，满族的居室经历了由穴居到半穴居至老屋的发展过程。《晋书》记载肃慎人"夏则巢居，冬则穴处"[1]。《后汉书》载："挹娄，古肃慎之国也……处于山林之间，土气极寒，常为穴居……"[2]在天气极寒、崇山峻岭的高寒地带，对于早期的满族先民来说，穴居是最理想的住室，既防寒又安全。到了辽金时期，满族开始出现地面居室，《三朝北盟会编》中对居室"纳葛里"的记载："环屋为土床，炽火其下，与寝食起居其上，谓之炕，以取其煖。"[3]当时女真人居住的习俗特点就是离开了地穴，到炕上睡眠、休息、饮食，标志着女真人开始了定居生活，从游牧到农耕经济的逐步转型。满族老屋无论是土坯墙、堡子墙还是拉哈墙，其原料均具有就地取材、防寒保温性能好的特点，十分适合北方寒冷地区的生活环境。

满族的穴居与"窑洞"建筑也有异曲同工之妙。

▶ 图3-28 窑洞
（Mark Gayn 摄影，1965年）
古时人类为了躲避猛兽或风雪，在山洞中居住，后人受到启发，便在山体上挖洞建居，成了今天的窑洞

1　房玄龄：《晋书》卷九十七，北京：中华书局，1974年，第2534页。
2　范晔、庄适：《后汉书》卷一百一十五，上海：国学整理社，1935年，第1801页。
3　徐梦莘：《三朝北盟会编》，上海：海天书店，1939年，第22页。

△ 图3-29 下沉式地坑窑（Gary Todd 摄影）

窑洞多建在朝向南面的山坡，很少被树木遮挡。一院窑洞一般修3孔或5孔，中窑为正窑，也有些会分为前、后窑。走进窑洞可以发现它们由隧道式小门互通，顶部呈半圆形。

下沉式地坑窑也即平陆地窑院，深10多米，长三四十米。建造方法是在平地上挖一个天井般的大深坑，然后再在大坑两侧挖出不同的房间。靠崖窑则是依靠自然形成的土崖挖掘的窑洞，在山区和丘陵地带非常常见，这种窑洞依托黄土高原的黄土层，从横断面挖成坑洞，在洞壁面抹上黄泥，装上窗户便可居住。

五、四合院

四合院早在3000多年前的西周时期便已出现，中国已知最早的四合院是陕西岐山的两座四合院遗迹。古代的华北地区，较流行这种廊院式的庭院民居，以中轴线为建筑主体，以回廊连接起来。在元朝以后，四合院建筑较多，且逐渐成熟。元世祖忽必烈曾把多座四合院建筑分给当时的官员或富商。

北京的四合院，大多为单层建筑，整个院落围成一个四方形，以廊连着四面的独立房屋，大门通常在东南方位。

除了北京，华北地区因文化、建造材料或气候的差异形成了不同特色的四合院。山西的四合院以平遥的乔家大院为代表，这座四合院是一座下沉式地坑窑四合院。山西南部、河南和陕西等地的四合院，因太阳日晒方位问题，建造的四合院为长方形，一般是东西长、南北窄。在青海和甘肃地区也有一些四合院式建筑，因为当地风沙较大，因此四合院的墙壁比其他地区的四合院高，他们称之为庄窠。

四合院建筑一般由大门、影壁、倒座房、屏门、垂花门、正房、厢房、耳房、后罩房、群房、廊和庭院而成。通常是一宅一户。

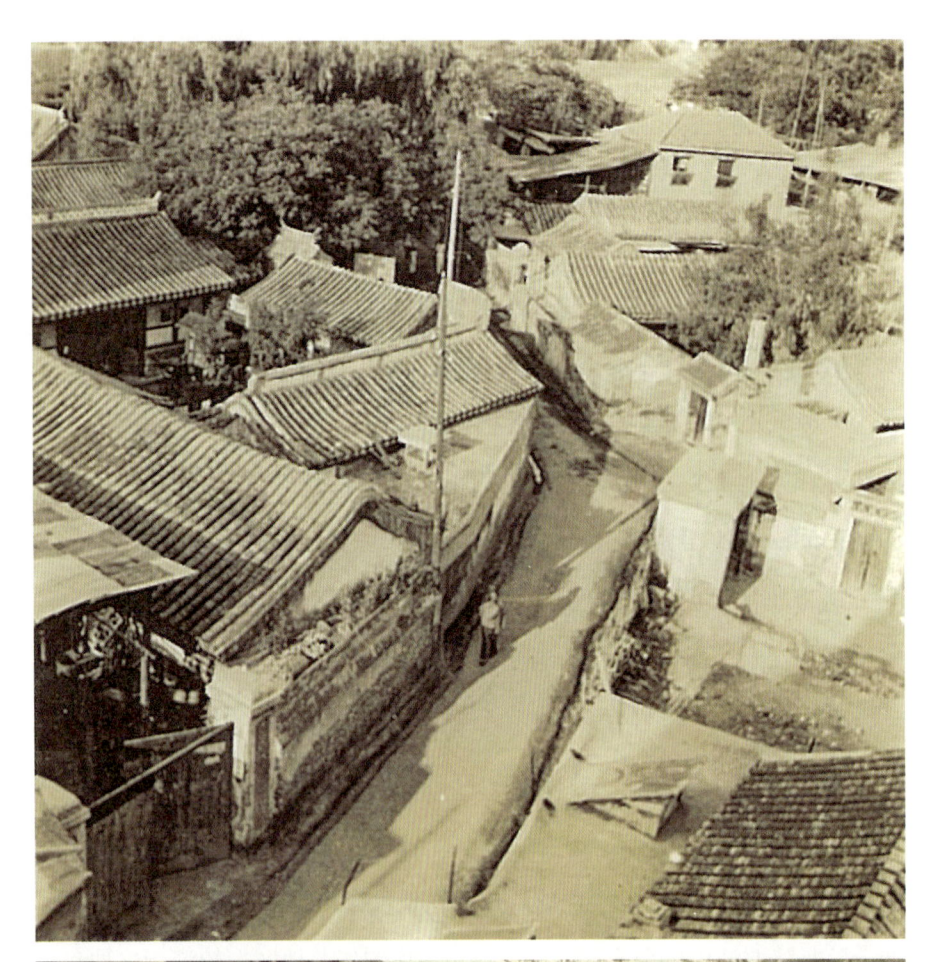

△ 图 3-30 老北京麻线胡同和大纱帽胡同内的四合院

（安福 摄影，1940 年 8 月，华北交通数据库，3803-031969-0；山口 摄影，1941 年 6 月，华北交通数据库，3805-038695-0）

▲ 图3-31 喀什高台民居
（Marc van der Chijs 摄影，CC BY-ND 2.0, https://flic.kr/p/cGNVpW）
喀什高台民居之间的道路狭长曲折，除几条主要干道外，其他道路几乎都呈"丁"字形或"死胡同"状态，较少有十字路口。这种道路形态有助降低风速、减少沙尘

六、高台民居

位于新疆喀什老城的高台民居距今有2000多年历史，此处是维吾尔族的聚居地。高台民居建筑是喀什老城的主要建筑物，分布面积达方圆几公里。

新疆喀什位于中亚内陆，位于帕米尔高原东北部，塔克拉玛干沙漠西部，低温期长，曾有低于零下22摄氏度的记录。高台民居的墙体能阻隔强风和寒冷，起到保温效果，白天暴露在阳光下的墙壁也能吸收紫外线热量，并在夜间释放。高台民居另一个建筑特点是外墙上几乎没有窗户，即使有窗户，面积也较小，可以减少冷空气通过窗户进入室内。

在取材方面，高台民居大多是土木建筑，多层或单层，以砖或石灰土为基础，传统做法是用瓦和砖，横梁为木材、芦苇和草混合，稍微倾斜，能防止雨雪积压。高台民居的墙体厚实，在防寒、保温和隔热方面起到了很好的作用。由于新疆干旱少雨、风沙大，因此，高台民居的屋顶一般以草泥制作，厚厚的草毯在冬季能对住宅起到一定的保温作用。

七、碉楼

碉楼是青藏高原独特的建筑之一，据文献记载，它最早在东汉时已出现。《后汉书》记载："冉駹夷者，武帝所开，元鼎六年，以为汶山郡……皆依山居止，累石为室，高者至十余丈，为邛笼。"[1] 孙宏开的《试论"邛笼"文化与羌语支语言》[2]与《"邛笼"考》[3]中指出，古羌语"邛笼"一词即碉楼。《北史》记载："近川谷，傍山险……俗好复雠，故垒石为碉，以避其患。其碉高至十余丈，下至五六丈，每级以木隔之，基方三四步，碉上方二三步，状似浮图。"[4] 上述文献所记载的碉楼，与遗存的外形、面貌等方面都十分相似。

碉楼广泛分布于青藏高原，如西藏昌都和雅鲁藏布江以南的山南、林芝和日喀则地区等，然而，川西高原的藏羌区碉楼分布最为密

▽ 图3-32 迪庆藏寨
高原地区的藏民居，为保暖避寒，多会选择向阳背风的方位，为有效使用太阳能，门窗一般向东南或正南，会在阳台修建挡风墙
（Zongnan Bao 摄影，Public domain, https://unsplash.com/photos/m5LmC7o_uQE）

1　范晔、庄适：《后汉书》卷一百一十六，上海：国学整理社，1935年，第1809页。
2　孙宏开：《试论"邛笼"文化与羌语支语言》，《民族研究》1986年第2期。
3　孙宏开：《"邛笼"考》，《民族研究》1981年第1期。
4　李延寿：《北史》，北京：中华书局，1974年，第3193页。

△ 图3-33 羌寨中的碉楼
（Rduta 摄影，CC BY 2.0, https://flic.kr/p/5ND85b）
碉楼是羌族建筑中重要的部分，也是羌寨中重要的军事防御设施。它们具有多种功能，如瞭望、储备、躲避和防御

集。《说文解字》记载："羌，西戎牧羊人也。"[1] 当中指出"羌"字是从"羊"字演化的。羌族饲养牛羊的历史悠久，到了清代仍以放牧为主要生产方式，因此，羊的地位十分重要。羌人在建房子时会先把首层设置为饲养牲畜的地方，也会建造活动楼板连接上层，以便可以时刻照顾羊群。碉楼的正中央是一个凹坑或圆形的火塘，是全家最常聚在一起的地方。火塘是万年火，长年不灭，火塘旁设有神柜或神龛，供奉着祖先和"天地君亲师"。

古代军事中，碉楼是不可或缺的角色。明代，四川巡抚所撰的《平白草番记》（"白"即当时的羌）记载："凡攻克番寨五十有七，毁碉楼四千八百七十有七，斩首一千有七。"[2] 由此可见碉楼在当时的盛况。

---

[1] 许慎：《说文解字》，北京：中华书局，1963年，第78页。

[2] 曾维益：《色尔藏族》，甘肃：兰州大学出版社，2012年，第13页。

八、道孚民居

西藏甘孜的道孚，位于青藏高原和四川盆地之间，气候条件和地理位置特殊，构成了独特的湖泊景观、山地景观、冰川景观、气候景观和生物景观。

其内部全由木材组合和穿插拼接而成，这种结构称为"崩科"，以粗壮的圆木作为立柱，柱上顶着大梁，大梁再顶橡子木作骨架，展开空间的分割和构成。

道孚民居的布局可分为独立式和庭院式。独立式即单栋的房屋，周边没有护栏、围墙或篱笆；庭院式即有围墙、护栏或篱笆围着，以石墙或土墙建成，庭院也可能是开放的。现时的道孚民居庭院都会用较高的围墙围着，装饰与房屋一致。

△ 图3-34 道孚民居

（Xiangjun Wang 摄影，CC BY-SA 2.0, https://flic.kr/p/aZanjv）

道孚民居以独特的建筑风格著称于世，它分为藏汉式和纯藏式两种，建筑都是白墙上修红或棕色的花窗，并建有"品"字形的滴水檐，单层或双层设计有序地排列

▼ 图 3-35 道孚民居

(bigheadmogi 摄影,CC BY-ND 2.0, https://flic.kr/p/3K7azF)

房屋的四个立面都以半圆木作墙壁的单层结构称为"单纯式崩科";有两面或一面是石砌墙或者夯土墙的则为石木结构或者土木结构

△ 图 3-36

藏人在打"阿嘎土"

（Werner Bayer 摄影）

道孚民居一般为平顶，通常以桦树皮或橡子木铺设，再铺上藏区特有的"阿嘎土"。"阿嘎土"黏性极强，由多人捶打而成，受尽雨雪吹袭都不会漏水

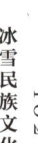

九、石居

高寒山区的冰雪民族常居住在石头城或石寨中，这是他们的居住特色。藏族先民靠山吃山，磨石斧以狩猎，凿石锅以煮食，叠石屋以避寒，佩石坠以驱邪，石头是藏族人的崇拜物。

新疆的塔什库尔干塔吉克自治县，满地是被雪水长年冲刷过的鹅卵石，因此，当地居民把这些石头广泛应用在生活中。突厥语中的"塔什库尔干"即石头城，汉朝时期已有石头城的存在，石头城也是古丝路上的著名古迹。

依山而建的石头城，分为内城和外城两部分，以石块夹土叠砌而成。据专家推断，这些石头城能追溯到距今1300年前。在塔吉克族人所生活的居所中，石头是不可或缺的，他们的房屋一般是正方形，大门朝东，墙壁以石块或草皮叠砌，房顶以草泥混合树枝堆放着，非常牢固。

另外，在帕米尔高原上生活的柯尔克孜族人，也会居住在传统聚落石头房里。他们居住的山大多是石头山，因此建造居所的材料也能就地取材。柯尔克孜族人所居住的石头房较小，里面有土炉、土炕，古朴简单，保留了原始生活方式。

△ 图 3-37 以玛尼石堆成的藏民居所
（International Vaishnavas Portal 供图）

▽ 图 3-38 新疆卡拉库尔湖柯尔克孜族人的石居
（Dmitry P 摄影，CC BY 2.0, https://flic.kr/p/73XYvD）

第三节 冰雪民族的饮食文化

一、兽肉及其制品

鄂伦春人生活在大、小兴安岭的原始森林，他们无固定居所，主要以狩猎和游牧维生，他们主要的食物是狩猎所得的野生动物，如犴、狍子、野猪、鹿、灰鼠、熊、野鸭、野鸡、天鹅等。

◂ 图 3-39
鄂伦春族人在雪林中进食
（许雪莲 供图）
在金属用具传入之前，鄂伦族春人主要用野兽的胃做袋子装水。另一种方法是用木制的容器储水。他们多会烤肉，把肉穿在已削尖的木棍上，在篝火上烤，烤至半熟便食用，吃的时候一般只加盐巴

鄂温克人的饮食与鄂伦春人无太大差异，都是以狩猎获得的兽肉为主食，大型的猎物主要有驼鹿、狍子、熊、鹿和野猪等，飞龙肉（即榛鸡肉）和犴鼻肉（即驼鹿的鼻子）是招待上宾的佳肴。鄂温克人非常重视火神，每次生火都会向火堆里倒一杯酒或扔些食物以示尊敬。他们每次饮酒或吃饭前都要先敬火神，招待客人前，也需要把食物先扔进火堆，自己和客人才能吃。在生活日常中，不能用水泼熄火堆，也不能随便把物品掉进火堆里。他们打猎所得的野兽肉有不同做法，较常见的是把肉类放在火堆上烤。还会制作血肠，血肠的制作方

▶ 图 3-40 鄂温克人在晒肉干
（中国文化研究院）
他们制作肉干的方式是先把肉切成小块，放在一个容器上烟熏，或是把生肉直接切条晒干后，再用火熏烤，这样制作的肉类较好储存，不易腐烂，可随时吃，也可加入蔬菜制成不同料理

法是把野生动物的肠洗干净，加入各种调味料，再把野兽的血灌入肠内，灌满后把肠用绳扎好，放入锅中煮熟。此外，他们也会把吃不完的肉晒干或风干。

另外，古书上也有记载，满族先祖也会以各种野兽为主要食物，而且是重要的祭品和贡品。女真人在辽金时期的日常生活也以肉类为主要食物，《辽金史纪事本末》中就记载过："自过嫔、辰州、东京迤

△ 图 3-41 鄂伦春人的猎物（许雪莲 供图）
居住在深山中的鄂伦春人和鄂温克人认为生吃野生动物内脏可以强身健体，祛除疾病。猎人在狩猎时，如果捕获某些可以即食内脏的野生动物，如犴、狍子或鹿，会立刻直接取出肾和肝切片生吃，一般会加盐巴、蒜、葱之类的调料

北，绝少麦面，每晨及夕，各以射到禽兽荐饭。"[1]

赫哲人在捕鱼淡季也会到森林中狩猎。赫哲菜品中有两种兽肉干，赫哲人称为"乌切克特"和"胡烈克特"。

虽然古人吃野生兽肉可以说随手可得，但他们也相当讲究吃法。徐梦莘在《三朝北盟会编》中引述马扩所撰的《茅斋自叙》当中，记载了金太祖完颜阿骨打在主持盛宴时的情况："列以韭野蒜长瓜，皆盐渍者，别以木楪盛猪羊鸡鹿兔狼麋狐狸牛驴犬马鹅雁鱼鸭虾蟆等肉。或燔或烹，或生脔，多芥蒜渍沃，续供列各取佩刀脔切荐饭，食罢，方以薄酒传杯冷饮，谓之御宴者亦如此。"[2] 现在不少冰雪民族仍会以刀片分切肉类进食，另外他们也会把由家畜、野兽等肉类制成的肉干随身携带，方便外出狩猎时充饥。另外，冰雪民族冬季在野外狩猎时，会把冰雪融化成水，用来煮食。

冰雪民族的先祖食之大自然、取之大自然，也尊重大自然，与大自然和谐共处。

二、鱼肉及其制品

赫哲族祖先以捕鱼和狩猎维生，他们主要吃鱼肉和兽肉，也会配搭野果、野菜和一些谷物。光绪《吉林通志》记载："其地土性寒浆，春晚霜早，不产五谷，春夏取河鱼为食，秋冬捕野兽为食。鱼干鹿肉，家家堆积为粮焉。"[3] 凌纯声《松花江下游的赫哲族》中也记载："赫哲与吉利雅克世有鱼食民族之称，因为他们的食料以鱼肉为主……其次为兽肉。"[4] "鱼皮部落"赫哲人世代以鱼类为主食，也有专属的一套鱼肉烹饪方式，多种类的鱼肉吃法至今仍然保留着。

"他拉喀"是赫哲族的特色菜，是以凉拌方式制作的生鱼料理，

△ 图3-42 在狩猎宿营地，鄂伦春族人取冰块准备烧水做饭
（田宝发 摄影，1962年）

△ 图3-43 赫哲人吃生鱼片
（张小军 供图）
吃生鱼片是赫哲人的主要饮食习惯，他们在制作鱼子、鱼皮、鱼脆骨或一般的鱼肉都有不同的生制和熟制吃法，因地理位置殊，他们几乎每天都会吃鲜鱼。凌纯声《松花江下游的赫哲族》（第64页）也记载了"赫哲人知道利用火，由来已久"。因此，他们除了吃生鱼，也会吃烤鱼和蒸鱼等

---

1 李有棠：《辽金史纪事本末》卷一，北京：中华书局，2015年，第23页。
2 徐梦莘编：《三朝北盟会编》第四卷，上海：海天书店，1939年，第39页。
3 光绪：《吉林通志》卷二十七《舆地志十五·风俗》，第28页。
4 凌纯声：《松花江下游的赫哲族》（上册），上海：上海文艺出版社，1990年，第64页。

▷ 图3-44 晒鱼干
(吴锡洲：查干湖渔猎，《中国摄影家》2011年第3期) 在捕鱼旺季时，冰雪民族会用火烤或日晒方法加工、制作鱼干，方便贮存，能在捕鱼淡季食用

是赫哲族人心中最重要和最受欢迎的菜品。"他斯哈"，也称烤鱼，一种是用较肥的鱼肉，把鱼肉切成丝，加入白糖等的调料制作而成；一种是用整片鱼烤制而成。"他斯哈"和"依斯额母斯额"（炸鱼块）等鱼类熟食在赫哲饮食中较为普遍。鱼松是赫哲人几乎每餐必上的一道菜。另外，"莫温古饭"和"拉拉饭"是他们的主食，"莫温古饭"即在小米粥内加入兽肉或鱼肉，"拉拉饭"偏素，是用玉米和小米煮成的稀饭。

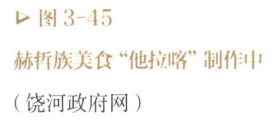

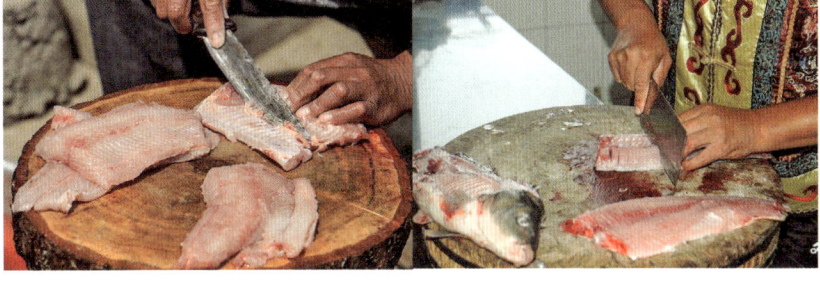

▷ 图3-45
赫哲族美食"他拉喀"制作中
（饶河政府网）

▷ 图3-46 刀朗人在烤鱼
（韩连赟 摄影）
刀朗人会把野生现捕得的鱼穿在一起围成圈，在火上烧烤。鱼插在红柳枝上，在烤制的过程中，红柳枝的汁液会渗透至鱼肉中，更加味美

他们会根据不同季节制作"拉布特喀"和"苏日啊克"两种生鱼片,其中,"拉布特喀"通常在夏季食用,"苏日啊克"在冬季食用。生吃的鱼类有鲟鱼、鳇鱼、鲤鱼、白鱼、草根鱼、鲢鱼等。

生活在新疆的维吾尔族刀朗人也是"吃鱼民族"之一,他们的先祖在古代便在叶尔羌河和塔里木盆地一带生活,他们的生活非常朴实和勤奋,在新疆麦盖提、巴楚、阿瓦提等地,有很多人自称是刀朗人,他们所生活的地方也称为刀朗。在新疆罗布泊、叶尔羌河、塔里木盆地和塔里木河等多的湖泊河流区域,都能看到刀朗人的足迹,刀朗人长期与水为伴,鱼类也成为他们生活中不可或缺的食物。

三、畜牧肉类

冰雪民族在寒冬来临前都会进行"冬宰"。其中,生活在大草原的冰雪民族在冬天前,会把他们饲养的牲畜从秋季牧场转到冬窝子,在着手准备过冬时,为了抵御冬季冰雪的严寒和庆祝秋天的收成,游牧民族每家每户都会挑选一些较肥的牲畜进行宰杀,这个习俗一直流存至今。哈萨克族的冬宰称为"嗉合木",是哈萨克族牧民每年底的欢乐聚会。

◁ 图 3-47
哈萨克族冬宰前的祈福
[赖宇宁、许继志、李志刚:《伊犁草原的"冬宰"》,《民族画报》(汉文版) 2015 年第 11 期]
冬宰第一步,是要先请阿訇为即将被宰杀的牲畜祈祷,然后要绑紧需宰的马、牛或驼等的四肢并放倒在雪地。为免让牲畜受更多的痛苦,"杀手"需眼明手快,必须确保牲畜能一秒毙命

哈萨克族人在天山山脉定居，马是他们重要的家庭成员之一，每户都会养数匹马，每匹马都担任着家庭中不同的责任，其中就包括用以冬宰的马匹。

马肉是哈萨克人入冬的肉类之首，因此，他们十分重视马肉的加工步骤，而且他们会以熏烤的方式把马肉和马肉肠制熟，这个做法能逼出马肉的水分，使其方便保存，不易变坏。他们也会留起一些肉切成肉块，或留起那些没有装入马肠衣的碎肉和小肉块，包裹起来与马肉肠一同熏烤，制作一些易携的肉干，方便外出或游牧时随身携带。

冬宰肉也用来做风干肉，如风干牛、羊肉。风干肉的好处是容易制作和保存。除哈萨克人外，同样生活在北方的蒙古族人，也喜爱风干肉，风干肉可以从冬天吃到来年春天。

▽ 图3-48　冬宰及灌肉肠
［赖宇宁、许继志、李志刚《伊犁草原的"冬宰"》，《民族画报》（汉文版）2015年第11期］
哈萨克族人"冬宰"会宰杀牛、马或羊

生活在冰雪世界的人们，羊肉也是寒冬时节必备，吃法有手抓羊、米肠子、面肺子、羊杂、烤全羊等。

南疆就有一种美食叫"坤麦其"，是一种用古老方法烤制的羊肉馅馕饼。新疆克里雅人有一个关于"坤麦其"的民间故事，一对青年男女相爱了，男孩大胆向女孩的父母提亲，为了测试男孩，女孩的父母给他出了一道难题：有一百名客人要来到家里，他只能用一只羊制作这一百名客人的餐食，但不能让客人吃骨头，也要有饭和菜，若能做到让客人满意，这门亲事才能答应。男孩想了很久最终在当天制作出一个羊肉大饼，色香味美，让一百名客人非常满意，因此这门婚事

△ 图3-49 熏制马肉、马肉肠

[赖宇宁、许继志、李志刚《伊犁草原的"冬宰"》，《民族画报》（汉文版）2015年第11期]

熏烤马肉、马肉肠时，会把马肉、马肉肠挂在一个房间的木架上，下方放上预先以明火预热过的松木枝，以暗火把肉和肉肠熏烤，熏制过程中需要每两小时翻转一次，也要时刻控制温度和烟量

△ 图3-50 风干肉

（常胜杰、柏青 摄影《呼伦贝尔摄影》，2015年刊，第1期）

△ 图3-51 宰羊（韩连赟 摄影）

新疆南疆地区的传统美食"坤麦其"，要用新鲜羔羊肉制作，图中为了欢迎客人的到来，当地人艾合麦提·依明专门宰羊做"坤麦其"

△ 图3-52 克里雅人正在制作"坤麦其"（韩连赟 摄影）

克里雅人的"坤麦其"做得非常地道，选上好的羊肉、洋葱，用盐、调料来调制馅，把面发酵好后，擀制两张大饼，稍大的一张在下面，上面铺匀调好的馅，然后盖上稍小的饼，把下面的饼的四周向上包住上面的饼，捏出花纹，包严实。干柴在灶塘烧好后，把火炭渣子扒开，把包好的肉馅饼摊开放入灶塘，再在上面盖上热沙子和未燃尽的炭火，根据饼的大小、薄厚来决定焖烤时间的长短，一般半小时足够

也被女孩父母允许了。"坤麦其"一直流传到今天。

灌肺，也称面肺子，是维吾尔族人喜爱的食物之一。《武林旧事》记载有"香药灌肺"[1]；《梦粱录》中也记载"香辣罐肺"是当时的"市食"。[2] 灌肺是以面粉配搭各种调味料，再将其灌入羊肺中，煮熟后直接切块食用。元代，《居家必用事类全集》有制作灌肺的记载"羊肺带心一具，洗干净如玉叶。用生姜六两取自然汁，如无以干姜末二两半代之；麻泥杏泥共一盏；白面三两、豆粉二两、熟油二两，一处拌匀入盐肉汁，看肺大小用之，灌满煮熟。"[3]

除灌肺外，维吾尔人的食物中还有米肠子，米肠子的制作方法是先把羊油、羊心、羊肝加入调味料切成条状或绞碎，然后加入温水，再灌入洗净的肠衣内，再把肠衣两头用绳绑紧，冷水下锅煮至半熟，取出扎小孔，最后放入水中煮至全熟。

另外，不同地方几乎都会有烤全羊这项菜色，烤全羊色泽金黄、肉嫩皮脆，鲜香异常。

▶ 图3-53 南疆小吃摊
（韩连赟 摄影）
新疆各地冰雪民族都爱吃灌肺和米肠子，各地都会放在一个大盘中在巴扎售卖。"巴扎"即集市或市场，来源于Bazaar

---

1 周密：《武林旧事》卷六，郑州：大象出版社，2019年，第84页。

2 吴自牧：《梦粱录》，郑州：大象出版社，2019年，第339页。

3 佚名：《居家必用事类全集》庚集《饮食类》，第7页。

△ 图 3-54 喀什市集的全羊摊
（Gabriele Battaglia 摄影，CC BY 2.0, https://flic.kr/p/5BxSE2）
在南疆颇有名气的"司拉吉丁烤全羊"，选一岁左右的羔羊为原料，用鸡蛋、面粉、精盐、孜然、胡椒、姜末等调成糊糊抹涂在待烤的羔羊身上，再用铁钩挂起羔羊放入用胡杨、红柳或果木烧好的馕坑里，把坑口封严，连焖带烤，中间翻动几次，约一个半小时后，羊肉呈金黄色，香脆可口，就可出坑上席了

△ 图 3-55 尊贵的羊头（韩连赟 摄影）
羊上半身的肉是蒙古族肉食习俗中最尊贵的部分，祭祀或婚宴会使用羊头和羊背肉

　　手抓肉或手把肉是游牧民族的一种烹饪方法，在蒙古族、鄂温克族、达斡尔族、鄂伦春族、哈萨克族、塔吉克族等的饮食中都可以见到，不同地方的做法略有不同。

　　《本草纲目》记载："羊肉，苦、甘、大热，无毒。"[1] 冰雪牧民通常会把新鲜羊肉切成小块放入锅中，煮至七八分后搭配盐巴、姜、葱、蒜或虫草，也可以不放调料，用手抓着吃，或用刀把肉削出来吃。手抓肉是牧民最喜欢以及最日常的食物之一，他们在招待客人的时候必定会制作手抓肉，他们认为以手抓肉来招待客人是对客人表达敬重，因此，以手抓肉款待来自远方的客人，是冰雪牧民的日常。

　　羊肉对于蒙古族人而言不只是日常食物，在待客礼仪上也占重要地位。在礼节上，羊的头部要让席上地位最高者食用。《蒙鞑备录》

---

[1] 李时珍：《本草纲目》卷五十，上海：商务印书馆，1930年，第52页。

▶ 图 3-56 杀猪

（张小军 供图）

生活在东北农村的冰雪民族只选用以猪草圈和粮食饲养的猪，因为这种猪制作出来的"杀猪菜"才有最醇正的肉香。"杀猪菜"中包括了五花肉、酸菜白肉、手撕肉、猪血肠、猪头、猪骨等菜式

中记载："鞑国地丰水草，宜羊马。"[1] 蒙古族会吃马肉、羊肉、牛肉、驼等肉类。蒙古族中称为"乌兰伊德"的"红食"就是手抓肉，好客的蒙古族会在招待客人时，会制作全羊宴或手抓肉。

在东北，人们爱吃"杀猪菜"，每年在年近岁晚之时，东北冰雪民族都爱制作地道的"杀猪菜"，这道菜是一个总称，由多种菜品组成。

▶ 图 3-57 制作血肠

（张小军 供图）

血肠的主要成分为动物的血，也会混入一些肉及动物脂肪。血肠曾是满族和锡伯族祭祀祖先神灵所用，现在为他们的家常菜之一

---

[1] 孟珙：《蒙鞑备录》，北京：商务印书馆，1937年，第5页。

冰雪民族对于他们所宰杀的牲畜的每个部位都尽可能食用。牲畜的血液，也成为多个冰雪民族的家常菜，制作精良的血肠营养丰富。蒙古族人用新鲜的羊血配白面、葱花等制作血肠。食用时，满族人把血肠配搭酸菜、白肉等一同炖煮，十分适合冬日。

　　除了北方，每年的初冬，西南的藏族牧民家家户户也会冬宰，准备过冬的肉食，他们冬宰的对象一般是公畜、老畜、肥畜，而母畜一般不宰杀。这个时候因天气已变得寒冷，宰杀得来的肉不易腐烂，而且农区的农民在秋天已有收成，牧民方便拿着冬肉与农民交换。

　　如杀牦牛，牧民首先割下牛头牛蹄，牛头置放一边，把牛蹄放入锅中煮，煮熟后拿出来砸掉外壳，剩下的汤及碎肉可以熬肉冻，也可以冻起来以后吃。其次是剥皮，这是一道很细致的工序，不能伤着牛皮，伤了皮不好卖。牧民小心翼翼地剥下牛皮后，便清理牛肚里的心、肝、肺、胃、肠，把肠胃洗干净，将胸腔里的血舀出来，再用斧头把牛肉分成块。洗干净的牛肠则会用来制造血肠，血肠里除牛血外，还有面粉、碎牛肉、牛油和切碎的牛肝、牛肚等。

▲ 图3-58　牛肉
（张小军　供图）
牛肉可以使藏族人保持身体有足够的热量，来抵御高原的寒冷

▽ 图3-59　晒血肠、肉干
（Kayak 摄影，2019年）
一些藏人会把在牲畜肉放到沸水里煮，捞起后放到箩子里背到屋顶上，用冬季的太阳晒干

藏北草原冬季非常寒冷，气温都在零下20—30摄氏度，因此这里的冰雪民族会在这时制作肉窖，肉窖分为密封或有眼两种。密封的肉窖用作放置冰鲜冻肉，而有眼的肉窖则用来放风干肉。藏民会把一些较好的牛羊肉切条，或加入盐巴调味，然后放在肉窖或当风处把肉风干，这些风干肉能直接生吃。藏民在寒冷的天气还会吃肉冻、血肠、冻肝（将牛肝挂着冻成块，切片生吃）等。

四、奶类制品

奶类制品可说是冰雪民族最常见的必备食物之一。哈萨克族民间流传一句谚语："奶子是哈萨克人的粮食。"哈萨克族人喜爱奶茶、奶疙瘩、马奶酒等奶类制品，他们日常会制作和食用的奶类制品主要有胶奶、奶子、酥油、马奶酒和酸奶等。

奶制品的制作方式各有不同。胶奶是指从刚生产一至两天的牛羊身上挤出的奶；奶子是指把新鲜牛羊奶煮沸而成的奶；酥油是一种油脂，制乳饼后，把混有油脂和奶的水（即"黄水"）装至盛有酸奶的

▶ 图3-60 煮奶
（韩连赟 摄影）

◀ 图 3-61 酸奶疙瘩
（韩连赟 摄影）

◀ 图 3-62
正在挤奶的草原妇女
（韩连赟 摄影）

△ 图3-63　左：克什克腾旗牧民在晒奶豆腐
　　　　　右：为呼伦贝尔牧民在制作奶皮子
[特木尔巴根、巴义尔《蒙古白食》，《民族画报》（汉文版），2016年第3期]
蒙古族人的习俗认为白食是招待客人的最高礼遇，每当有客人到来，蒙古族牧民都会准备奶茶、奶酪、奶酒和奶皮子等白食

帆布袋或皮囊，然后再用杆搅动一段时间，令油脂和奶分离，漂在上层的油脂便是酥油；马奶酒的做法是把马奶子装到皮囊中，用杆上下搅动一段时间，令它发酵。酸奶是直接发酵后的鲜奶。

哈萨克族早晚的饮食都以奶茶为主，他们中间流传着"宁可一日无食，不可一日无茶"的说法，一般称吃饭为"日份依希"（喝茶）。哈萨克族人的一壶奶茶代表了一份心意、一片关怀。他们在喝奶茶时也有禁忌，不能喝一半剩一半离去。

除哈萨克人外，生活在帕米尔高原上的塔吉克牧民同样喜爱以奶制作各种食物，塔吉克牧民的饮食以奶类、肉类和面食为主，他们喜爱制作各类奶品，如酸奶、酥油、奶皮子和奶疙瘩等。

谈及食奶，当然不能缺少蒙古族。蒙古族的"查干伊德"即高尚而纯洁的食品，他们称为"白食"，白食就是奶制品。蒙古人的奉客之茶为一种称作"史特次"的蒙古奶茶，当有客人来访时，蒙古主人必定会端出"史特次"来招待客人，而客人为了表达对主人的尊敬也必定会饮用奶茶，不然就会被认为有失礼节，"史特次"以茶砖和动物奶混合而成，并依地区不同加入不同的配料。

白食分食品和饮品，食品为奶酪、奶豆腐、奶皮、黄油和奶油等，而饮品则有牛奶、马奶、酸奶和鲜奶等。蒙古人非常喜欢白食，而且他们还认为白食能给族人带来吉祥和幸福。

◂ 图 3-64

鄂温克族奶制品

（常胜杰 摄影）

"乌日莫"为蒙古语中的皮子，牧民会把新鲜的牛奶或羊奶煮沸并搅拌，当鲜奶的生沫浮起时，再加点生奶，此时奶窝中会结成一层淡黄色的脂肪皮子。待冷却后，用筷子或小棍把这层皮子挑起来放在特制容器上阴干，便成为奶皮子。蒙古族牧民日常会制作奶皮子招待上宾，《饮膳正要》中称奶皮子为"牛酥"，"牛酥，凉，益心肺，止渴、嗽、润毛发，除肺痿，心热吐血"[1]。

主要生活在东北的牧区、农区或林区的鄂温克族人，奶制品也是非常主要的食材，他们一日三餐讲究喝以砖茶煮制的奶茶，甚至以奶茶为水。接待客人时，必须先敬一杯奶茶，有时还会在奶茶中加入奶酪、奶干、黄油或奶皮子等，让奶茶更香醇。与其他民族一样，鄂温克族也会发酵和加工奶品，制成奶油、奶酪、黄油、奶皮等。

东北的鄂温克、鄂伦春等民族会在他们所饲养的雌驯鹿生产后，挤取一部分驯鹿奶，驯鹿奶比牛、羊奶的营养成分更高，而且更浓郁细腻。他们煮奶茶除了使用牛、羊奶外，也会使用驯鹿奶。把碾碎的砖茶放入锅中煮开，然后加入盐和新鲜驯鹿奶。

在西南生活的冰雪民族也常制作奶疙瘩、酸奶、奶渣子、奶酪等

△ 图 3-65

阿坝佛寺煮酥油茶

（中国文化研究院网站）

藏区冰雪民族常以牛羊奶提炼酥油，他们喜爱酥油茶，也会以酥油制作日常餐食

---

[1] 忽思慧：《饮膳正要》卷三，北京：人民卫生出版社，1986年，第111页。

奶制品。值得一提的是，藏族人家几乎每家每户都会制作酥油茶的茶筒和奶茶壶，同时，藏族人民也喜欢以牛羊奶发酵制作奶酪。《西藏王统记》中记载了酥油茶的出现，是因为唐代嫁到西藏的文成公主把内陆的茶叶带到当地，与藏民制作的酥油结合，成了酥油茶。[1]直至今日，酥油茶仍是藏族每家每户必备的饮料，营养非常丰富。

藏族谚语："恩人像酥油，太阳别溶化。"[2]酥油在藏族中是洁净和非常珍贵的存在，酥油茶也是他们生活的一部分，在当地甚至会以酥油茶是否浓郁来判别家庭的经济状况。

五、主食

（一）面类

在辽金时期，满族先民已开始农耕生活，他们吃谷物的历史相当悠久。《三国志》也记载："有五谷、牛、马、麻布……其俗好养猪，食其肉，衣其皮。冬以猪膏涂身，厚数分，以御风寒……饮食类皆用俎豆，唯挹娄不法。"[3]《通典》记载：坐则箕踞，以足挟肉啖之。得冻肉，坐其上令温暖。土无盐铁，烧木作灰，灌之，取汁而食……无牛，有车马，佃则偶耕，车则步推，有粟及麦穄，菜则有葵。"[4]上述文献中的"佃则偶耕………有粟及麦穄"是指几十种主要的粟类谷物粮食，冰雪民族会把这些粮食制成粥、炒米和面食等。

东北冰雪民族热爱面食，且种类繁多，除了黏豆包，他们还会制作打糕、饽饽、金丝糕、冰糕、春饼、萨其马、馒头和饺子等面食，也会制作腊八粥，可见他们的粮食非常丰富。另外，生活在北方的蒙古族更喜爱油炸果子、油饼、列巴等美食。

"列巴"指的是一种大型面包，它外硬内软，口感焦脆，甜中带

▲ 图3-66 黏豆包
（曹保明 供图）
传统上，东北冰雪民族喜爱吃黏性食物。冰雪民族在初冬开始便会制作黏豆包，猎人外出狩猎一般都会带上它

---

[1] 索南坚赞：《西藏王统记》，王沂暖译，上海：商务印书馆，1957年，第42—42页。
[2] 廖东凡、边巴多吉：《藏族谚语卷》，佟锦华译，兰州：甘肃少年儿童出版社，1990年，第47页。
[3] 陈寿、裴松之：《三国志》卷三十，北京：中华书局，2011年，第847—848页。
[4] 杜佑：《通典》卷一百八十六，北京：中华书局，1988年，第5022—5023页。

△ 图 3-67 图瓦人自制的列巴
（韩连赟 摄影）
列巴以面粉和酵母为主要材料发酵，再放进烤炉中制作

△ 图 3-68 馕
（Kevincure 摄影，CC BY 2.0, https://flic.kr/p/6JRwN3）
馕分为油馕、肉馕和香馕等不同种类，是西北冰雪民族不可缺少的主食之一

△ 图 3-69 萨穆酥（韩连赟 摄影）
萨穆酥的馅料用新鲜的牛肉、羊肉、羊油、洋葱、孜然、胡椒、精盐等搅拌而成，包好馅料后，捏花的一面朝外，贴入用干柴烧好的馕坑，贴前要在馕坑壁上洒盐水，便于贴牢，全部贴好后，封口焖半小时即熟

酸，是蒙古族的主要食物之一，蒙古族每个家中都会有列巴烤炉，他们在食用时会把列巴切成薄片，涂抹他们特制的黄油"稀米丹"食用。居住在兴安岭地区的鄂温克人也喜欢烤列巴，他们制作列巴的方式与西北地区不一样，先发酵和好的面，然后再放在平底的锅中烙，做法与汉族的烙饼相似。

馕也是面食中较为重要的一种，它起源于波斯，是一种发酵面饼，将面粉发酵后加入盐巴，在馕坑中烘烤，是一种形状、大小和厚薄不一的圆饼，不易变质，是西北地区的冰雪民族十分喜爱的主食之一。

"可以一日无菜，不可一日无馕"，"馕是信仰，无馕遭殃"，"饭是圣者，馕是精灵"等谚语也反映出馕在维吾尔族日常生活中的重要地位。除了维吾尔族外，馕也是新疆哈萨克族、塔吉克族、柯尔克孜族等民族所喜爱的食物。除了馕，包子也是冰雪民族喜爱的主食，薄皮包子配抓饭，堪称绝配。也有不少人喜欢萨穆酥，它是集市上最受欢迎的美食之一。

（二）谷物

除了面食外，谷物类的食物也是不少冰雪民族的主食。新疆和西藏一带的人们最爱抓饭。抓饭，也叫手抓饭，是西亚、中亚、南亚等地的传统食物，不同地方的手抓饭有不同的风味，除了用料不同外，作料也是主要原因。手抓饭常见的特征包括用汤来煮米饭（或其他谷物），加入香料、肉、蔬菜和果干，并追求米粒分开而不是粘在一起。

"波糯"是维吾尔语中"抓饭"的音译，也被称为"十全大补饭"，维吾尔族、柯尔克孜族、乌孜别克族或塔吉克族等冰雪民族所做的抓饭有不同的用料，但他们都同样喜爱抓饭。每年8月第一天都是抓饭节，抓饭节是伊斯兰教的传统节日，不同地方的抓饭制作都会有所不同，如西藏拉萨的抓饭节中，会有甜抓饭和咸抓饭两种，甜抓饭由大米、红糖、葡萄干、红枣、酥油等做成，与新疆的甜抓饭相

▲ 图3-70 抓饭（韩连赟 摄影）

新疆的抓饭种类较多，原料基本相同，他们会使用清油或酥油等制作抓饭，加入羊肉、鸡肉、鸭肉和牛肉等；也有素抓饭，素抓饭中加入杏干或葡萄干等干果；而鸡蛋抓饭就是加入鸡蛋

▲ 图3-71 左：正在磨粉的青稞；右：藏族人民在制作糌粑

（左：Dennis Jarvis 摄影，CC BY-SA 2.0, https://flic.kr/p/55WYrz；右：Matt Ming 摄影，CC BY 2.0, https://flic.kr/p/iH2E8U）

除了米饭，不同的冰雪民族在主食方面都有他们独特之处，大部分的藏族人都会把青稞磨成粉，制作糌粑作为主食

比，在用料上多了酥油和红糖；咸抓饭是用大米、胡萝卜、牛肉、酥油、咖喱粉等做成，与新疆的抓饭相比，他们用牛肉而不用羊肉，在用料上多了酥油和咖喱粉。

青稞是一种谷物，主要分布在西藏自治区、青海省、四川省的甘孜藏族自治州和阿坝藏族羌族自治州、云南省迪庆藏族自治州、甘肃省甘南藏族自治州等海拔4200—4500米的青藏高原高寒地区，在这些地区青稞之所以成为主要作物是因为其耐寒性。藏族的牧区很少食用除糌粑以外的粮食，藏民一般会以酥油、糖和奶渣，再配上奶茶或特别浓的茶与糌粑一起食用，在藏区能经常见到藏民带着羊皮口袋，里面一般都装着糌粑，糌粑非常易于携带，制作也十分方便，因此藏民会随身携带。糌粑的制作方法是先把奶茶倒入碗中，然后放入曲拉、酥油和青稞粉等，用手加压转动拌匀，捏成一团便可食用。

藏族人日常也会以糌粑招待客人，客人到来时，主人会把青稞粉、曲拉、酥油和糖放在碗中，让客人拌食，而通常在藏族的庆典上，第一道菜便会是糌粑。藏族人招待客人必备的食物是奶茶、奶酪、酥油和糌粑。

六、酒类

（一）东北冰雪民族酒文化

酒是地处寒冷地区的冰雪民族生活中必不可少的东西。东北冰雪民族性格豪爽，自古便爱好饮酒，饮酒是他们非常悠久的习俗，无论日常在家或是招待客人，他们都必须喝酒，酒是东北冰雪民族居家必备的重要饮料。"有酒无菜，不算慢待，有菜无酒，抬腿就走"是东北人对酒的挚爱的生动体现。

北方地区冬季严寒，在宴会、祭祀、送行或迎宾都会用到酒，如鄂温克人从"熊醉红豆"中得到启示，首开先例，把红豆用桦树皮桶密封发酵酿酒，常年饮用。而鄂伦春族人则用"都市"（一种黑皮紫肉无子的野生果子，味酸）发酵酿酒。《大金国志校证》记载："饮宴

△ 图3-72 《文会图》

（宋徽宗赵佶及宫廷画师 绘，CC BY 4.0，台北故宫博物院）

画中文士在庭院围桌，桌上放满华丽的饮食器具，当中不能缺少的便是酒壶和酒碗

▶ 图 3-73 糜子酒

（延川快讯系县委宣传部官方公众号图片）

糜子酒也是满族的传统饮料，"糜"即黄米，满族人会先用水浸泡黄米，然后放在锅中蒸熟，再把原米汤和黄米装入酒坛中，最后加入黄酒曲搅拌，米汤中不能加水发酵两天就可以饮用

宾客，尽携亲友而来。及相近之家，不召皆至。客坐食，主人立而待之。至食罢，众客方请主人就坐。酒行无算，醉倒及逃归则已……饮酒无算，只用一木杓子，自上而下，循环酌之。"[1]

（二）马奶酒

生活在大草原的蒙古族，最喜爱的当然也就是马奶酒，马奶酒又称湩酪、马重酒、乳醅、七噶、酸马奶、马酪、挏马酒和马酒等，"额速克"或"忽迷思"是马奶酒的蒙古语，即"熟马奶子"。马奶酒历史上便是北方的匈奴、鲜卑和乌桓等古代冰雪民族常用的酒品。《黑鞑事略》中记载："马之初乳，日则听其驹之食，夜则聚以洓，贮以革器，颃洞数宿，微酸，始可饮，谓之马奶子。"[2]《蒙古秘史》中也记载，成吉思汗十世祖孛端察儿时期，生活在统格力溪边的蒙古部落，酿制马奶酒。这是蒙古人饮用马奶酒最早的文字记载，相传早在忽必烈时代，马奶酒曾是皇室盛品。[3]

马奶酒至少在 2000 多年前的西汉时期传入中原。《史记》记载了匈奴人自古"食畜肉，饮其汁"，匈奴后来与汉朝交往甚好，于是匈奴单于"变俗好汉物"，这种改变饮食习俗的做法，引起了一些匈奴人的异议，于是匈奴人中行说劝单于道，不宜"变俗好汉物"，结果"得汉物"的匈奴人将"汉食皆去之，以示汉食不如湩酪之便美也"。这里的"湩酪"包括酸牛奶和酸马奶制品两类，由此可知，北方冰雪

---

[1] 宇文懋昭：《大金国志校证·附录一》，崔文印校，北京：中华书局，1986年，第586页。

[2] 彭大雅：《黑鞑事略》，上海：商务印书馆，1937年，第13页。

[3] 特·官布扎布：《蒙古秘史》（现代汉语版），阿斯钢译，北京：新华出版社，2006年，第8页。

△ 图 3-74 左：装马奶的皮囊；右：蒙古族人把发酵后的马奶酒倒入大锅中，之后再放上大木桶和接酒的小木桶（韩连赟 摄影）

马奶酒在汉朝传入了中原地区。《汉书》记载："秦官，掌舆马，有两丞。属官有大厩、未央、家马三令，各五丞一尉……武帝太初元年更名家马为挏马……主乳马，取其汁挏治之，味酢可饮，因以名官也。"（班固：《汉书》卷十九上，北京：中华书局，1962年，第729—730页。）"挏治"中的"挏"即撞击的意思，上述文献中记述了马奶酒的制作方法，先在皮囊中倒入马奶，再不断"挏"它，令它温度上升并发酵，最后便会成为马奶酒

民族在西汉前已经开始食用酸奶制品或饮用牛、马奶酒。

马奶酒在不同的牧区都非常盛行，每年 7 至 8 月是酿制马奶酒的时节。《蒙古酒考》记载，马奶酒"经六蒸六酿工艺流程者方为上品"，最传统的"阿尔乞如"是初酿的马奶酒，这种马奶酒度数较低；二酿"阿尔占"是重新把"阿尔乞如"倒入锅中，并加入一些未蒸馏过的酸马奶酒；而"和尔吉"是三酿、"缚善舒乐"是四酿、"沾普舒尔"是五酿、"熏舒尔"是六酿。不同程度的酿制蒸馏出来的酒，度数会逐步增高。清代的《瑟榭丛谈》中记载："蒙古人酿以为酒，色如清水，味微甘香，名阿尔，气如以为力薄，复入锅蒸又量加酸乳重酿而出名……"[1]

---

[1] 沈涛：《瑟榭丛谈》卷上，清道光二十五年（1845）刻本第 12 页 a。

△ 图 3-75　新疆葡萄酒"穆沙莱斯"（韩连赟 摄影）

穆沙莱斯的制作需通过采摘、挑选、清洗、榨汁、熬煮、过滤、装罐、阴凉等工序，在新疆刀朗地区，家家户户都会酿制

（三）葡萄酒

葡萄酒在中国是"古而有之"，古代的葡萄有多种写法，有"蒲萄""蒲陶""葡桃""蒲桃"等，而葡萄酒也称作"蒲陶酒"。葡萄的栽培技术自新疆一带引入。东汉末年，因战乱导致国力衰弱，葡萄酒业和种植葡萄极其困难，因此当时的葡萄酒非常珍贵。《三国志》中，裴松之引赵岐的《三辅决录》记载孟佗"以蒲桃酒一斛遗让，即拜凉州刺史"[1]。三国时期新城太守孟达之子孟佗，当时就是以葡萄酒贿赂官员，得到的凉州刺史一职。

穆沙莱斯是一种用葡萄制作的饮品。酿制还可以根据个人喜好加入玉米、枸杞、苁蓉等不同辅料，使穆沙莱斯的味道更独特。穆沙莱斯属纯天然绿色饮品，性温，药用价值高，富含人体所需的氨基酸、多种维生素、葡萄糖、铁等营养成分和微量元素。酿制穆沙莱斯需先把葡萄洗干净，打烂成泥，裹在纱布压出汁，再把葡萄汁烧开，然后把烧好的葡萄汁装入容器发酵，放置十多天后便可享用。

---

[1]　陈寿、裴松之：《三国志》卷三，北京：中华书局，2011年，第93页。

（四）青稞酒

生活在西南的冰雪民族普遍喜欢饮用青稞制成的青稞酒，青稞酒起源于青藏高原多个冰雪民族聚居的地区。

藏区饮用的青稞酒主要分发酵青稞酒、青稞白酒、青稞干酒三种。发酵青稞酒呈淡黄色，味微酸，是一种不经蒸馏、近似于黄酒的水酒，分头道、二道、三道三种。制作一般的发酵青稞酒先要把青稞洗净，然后倒进锅里煮，八成熟时停止煮，静止约半小时，再将青稞摊开降温，然后在上面撒匀酒曲，撒完便可装入容器密封发酵，发酵2至3天后，把青稞装入过滤的容器酿成醪糟，加入清水再密封1到2天便可饮用。

△ 图3-76　藏族人民在收成青稞
（Richard Weil 摄影，CC BY-SA 2.0, https://flic.kr/p/5sVL7t）

青稞生长于高寒地带，与当地冰雪民族有紧密联系。史诗《格萨尔》中记述："山地如像垒书卷，川地如像白纸展，梯田如像盖印章，青稞粮食从此产。"［王兴先：《格萨尔文库第一卷》（第二册），兰州：甘肃民族出版社，2000年，第789页。］西藏民间除了流传着文成公主把茶叶带进藏族制成酥油茶的故事外，也流传着文成公主把酿酒技术带进藏族的故事，然而，也有文献指出青稞酒可能更早便出现，《敦煌吐蕃历史文书》中记载：墀松赞与韦氏等地方首领约定在冲木地方进宴会盟，韦氏"以半克青稞煮酒，敬献饮宴"

△ 图3-77　经过蒸煮后准备降温的青稞
（Alice, Essence of Tibetan Food, China Adventure, 2020-03-02, https://www.chinaadventure.org/tibet-travel-guide/treasures-of-tibetan-diet.html）

制作青稞白酒比较简单，将醪糟加少量水，进入蒸锅蒸馏即可；而青稞干酒则是近年较新的做法，需把青稞浸泡、蒸煮、糖化、发酵、压榨、澄清、调配和过滤

第四章
冰雪民族娱乐节庆

生活在不同地方的冰雪民族，因地理环境影响发展出了不同的生产生活方式。

随着时代的发展，不少传统的生活方式逐渐演化为冰雪民族的民间体育活动。如赫哲族打爬犁（赛托日乞）和滑雪（恰尔奇刻）、满族的木马滑雪和雪地走（走百病）、鄂温克族赛爬犁和滑雪（伊满得西勒都仁）、鄂伦春族的滑雪（亲那）和皮爬犁、达斡尔族的"肯骨楞"滑雪竞技，以及朝鲜族坐雪爬犁，等等。

冰雪民族在冰雪间的活动，历史上便有多样化的呈现。如堆雪人和雪山、雪车（拖冰凌）等。宋代周密撰的《武林旧事》中记载："禁中赏雪，多御明远楼。后苑进大小雪狮儿，并以金铃彩缕为饰，且作雪花、雪灯、雪山之类，及滴酥为花及诸事件，并以金盆盛进，以供赏玩。"[1] 明代有张岱《陶庵梦忆》中记述："天启六年十二月，大雪深三尺许。晚霁……余坐一小羊头车，拖冰凌而归。"[2] 清代有吴振棫在其《养吉斋丛录》中记载："冬日得雪，每于养心殿庭中堆成狮象，志喜兆丰，常邀宸咏。乾隆壬申、乙酉，以雪狮、雪象联句。嘉庆戊寅，又堆为卧马二，东西分列，有与内廷翰林联句诗。"[3]

---

[1] 周密：《武林旧事》卷三，郑州：大象出版社，2019年，第47页。

[2] 张岱：《陶庵梦忆》卷七，上海：上海远东出版社，1996年，第199页。

[3] 吴振棫：《养吉斋丛录》，卷十四，北京：中华书局，2005年，第193页。

△ 图 4-1　一位探险家走遍世界各地，手绘出不同地方的代表性事物
[pp.137-138 of "A reference history of the world from the earliest times to the present; part one: world history, part two: national histories; maps, tables, charts, and an exhaustive index"（1921）]
图 4-1 可见中国冰雪民族的生冰雪生活方式，图中（5）为阿穆尔河一带的驯鹿大篷车；（6）为青藏高原上的牦牛大篷车；（8）是塔塔尔人；（9）是蒙古人和喀尔喀人在天山山脉一带骑着车载着塔塔尔人；（16）为在西藏边境骑着骆驼、手持转经轮的蒙古人

古代较为广受大众认知的冰上活动莫过于"冰嬉"，早在宋代便有"开冰之祭"，《宋史》记载："献羔而启之，谓二月春分，献羔祭韭，始开冰室也……天子献羔开冰，先荐寝庙。详其开冰之祭，当在春分，乃有司之失也。"[1] 可见，早在宋朝，宫廷对"冰"便十分重视。此后，在清朝政权建立后，冰雪活动更受重视和推广，先是制定了完善的冰嬉制度，冰嬉更在满族的统治中担任着军事角色，竞技水平也不断提高；1949 年以后，冰雪运动变得更现代化，成了大众运动。

1　脱脱：《宋史》卷一百〇三，北京：中华书局，1985 年，第 2518 页。

第一节　冰雪民族的娱乐活动

一、滑雪

隋唐初，北方各民族间已有许多关于滑雪的文献。《文献通考》记载："拔悉弥一名弊剌国，隋时闻焉。在北庭北海南，结骨东南，依山散居……其人雄健，皆猎射。国多雪，恒以木为马，雪上逐鹿。其状似楯而头高，其下以马皮顺毛衣之，令毛着雪而滑。如着屐屧，缚之足下，若下阪，走过奔鹿，若平地履雪，即以杖刺地而走，如船焉；上阪即手持之而登。"[1]另外，《隋书》记载："南室韦北行十一日至北室韦……气候最寒，雪深没马……地多积雪，惧陷坑穽，骑木而行。"[2]《西伯利东偏纪要》也记载，赫哲人"雪甚则施踏板于足下，宽四寸，长四五尺，底铺鹿皮或堪达韩皮，令毛尖向后，以钉固之，持木篙撑行雪上不陷，上下尤速"；[3]《黑龙江志稿》曾记载："足手持长竿，如泊舟之，状划雪上前进，则板乘雪力，瞬息可出十余里，雪中乏食，则觅野兽往来求食之迹，捕而食之，凡逐捕貂鼠各物，十无一脱，运转自如，虽飞鸟有不及也。"[4]《文献通考》中指出当时的滑雪板形状为尖翼状、向上翘，板底铺有马皮，下坡可增加阻力。这些文献中提到的"室韦"和"拔悉弥"是隋唐时期居住在北方的古代民族，当中"恒以木为马，雪上逐鹿""骑木而行"[5]等，所指的是他们在雪地上的活动，表明隋唐时期的冰雪民族，无论在单板滑雪或滑行技术上，都有非常纯熟的技巧。除了古代文献，不少民间故事如《乌布西

▲ 图 4-2
正在滑雪的通古斯猎人
[p.71 of "The 'Overland' to China"（1900）]

1　马端临：《文献通考》卷三百四十七，北京：中华书局，2011年，第9630页。

2　魏征、令狐德：《隋书》卷八十四，北京：中华书局，1973年，第1883页。

3　曹廷杰：《西伯利东偏纪要》，载金毓黻《辽海丛书》第60册，沈阳：辽海书社，1931年，第31页 a。

4　民国：《黑龙江志稿》卷六《地理志·风俗》，第28页 b。

5　马端临：《文献通考》卷三百四十七，北京：中华书局，2011年，第9627、9630页。

奔妈妈》中，也能体现古时冰雪民族在严寒中的滑行："乌布西奔神慧天聪，传教乌布逊冬凿地室、夏栖树屋，习用踏板雪行飞驰……"而对滑雪板的特征也有相关描述："冬有雪鞋，踏如长板，上缝革履，乌咧哩；选用海獭、棕熊、野猪毛鬃，乌咧哩；钉于板下，马不可及，雪中飞如闪电，乌咧哩；追踪狐兔，如在掌中，乌咧哩，乌咧哩。"[1]

早在17至18世纪，外来的侵略者入侵黑龙江河谷，但他们却未掌握滑雪技术，因此常在冬天遭到赫哲人以滑雪板的还击。赫哲武士一般穿着滑雪板，背着弓箭，带着猎刀，埋伏在侵略者必须经过的山坡上，继而将侵略者击倒。赫哲族的冰雪运动需要超高的技术，古代赫哲人滑雪时，会用身体和技巧来控制滑雪板的方向和速度，在雪地上滑动速度极快。女真人在战争中也会有技巧地使用"乌拉滑子"，士兵会将木板绑在乌拉鞋底部，持木棍在冰面上滑行。赫哲人使用滑雪装备的熟练程度体现了赫哲人的生存能力。赫哲人使用的滑雪杖有弓弦，它们通常用作滑雪杖，并在狩猎时成为弓箭。赫哲人经常利用业余时间进行滑雪比赛，以测试和衡量生存技能。赫哲人非常重视滑雪，"莫日根赛"是一项三度从山顶滑下的滑雪比赛游戏，参与者会被评得"莫日根堪（准英雄）""滑雪手""莫日根"等英雄称号。与驯鹿追逐也是赫哲人的一项竞技性游戏，参与者会在5至7公里的范围内滑雪并模仿猎鹿。此项游戏还用作训练青少年滑雪追踪的技巧。鄂温克族和鄂伦春族的滑雪活动"伊满得西勒都仁"和"格音那"同样受到重视，这是由他们古代的狩猎生活而形成的活动。他们在狩猎时，穿着以木头和兽皮制的滑雪板追捕猎物，每次滑行几十至上百公里。入冬后的兴安岭积雪非常厚，为他们提供了天然滑雪场。他们会在每年初的寒冬中举办狩猎比赛，训练并提升青少年的滑雪技巧。青少年们会把两块长方形木板，以狍皮或狗皮套子拴在他们的"其哈密"（皮靴）上，穿上雪板后，双手撑雪杆在雪地上滑行。

---

[1] 苏凯、王健壮：《满族传统冰雪体育文化解析》，《黑龙江民族丛刊》2018年第4期。

二、滑冰

溜冰在冰雪民族中，有"脚滑子"或"脚蹬子"等称号。其中，居住在新疆的锡伯族具有得天独厚的雪山和草场等自然条件，在日常冰雪活动中，有不同形式如撑冰车、打滑溜、打单脚儿、打冰嘎儿、滑冰等活动。

古代冰雪民族女真每逢战争，都必备一双"冰滑子"，这与现代的溜冰鞋有相似之处。冰鞋即皮靴，靴底一般以兽皮与皮筋和木板绑起来，底部以兽骨或铁棍作滑子，据说穿上冰滑子后，滑行速度极快，而且非常省体力。《满族民间故事》第2集的《冰滑子》有这样的记述：女真元首阿骨打攻陷宁江州（即吉林扶余古城伯都纳）后，双方在松花江边的宾州对峙。阿骨打看到宁江州士兵穿着冰滑子，便有所感悟，命令批量生产冰滑子，此后阿骨打便与宁江州士兵一样，穿上冰滑子，攻往宾州。女真穿上冰滑子后如虎添翼，便在宾州打败

▽ 图4-3 滑冰
[p.41 of "Pictorial Chosen and Manchuria"（1919）]

了宁江州的辽国军队。因此玩冰滑子成了女真人的活动，也被其后世流传。

三、赛爬犁

长期生活在水系丰富、气候寒冷、高纬度地区的赫哲人，形成了一种独特的生活方式，他们夏天以渔船为交通工具外出捕鱼，冬天以滑雪板和雪橇为交通工具外出狩猎。久而久之，爬犁成了赫哲人的冰雪娱乐，古代赫哲人已有使用爬犁的历史，《大元大一统志》记载："狗车以木为之，其制轻简，形如船，长一丈，阔二尺许，以数狗拽之。"[1] 狗车即爬犁，赫哲人会的"托日乞"即狗爬犁，以狗拖行。

女真人的民间故事《乌布西奔妈妈》中，爬犁被称为"雪龙"，而由于大多数的爬犁以狗拖拉，所以也被称为狗爬犁和狗棚车。故事指出："棚棚相衔，俗誉'雪龙'，乌咧哩，鞭号如歌，灵犬晓明，乌

▼ 图4-4 狗拉爬犁
[p.76 of "Pictorial Chosen and Manchuria" (1919)]
狗爬犁最初主要用作交通运输和传递信息，之后再发展成"爬犁"

---

[1] 罗振玉：《大元大一统志》辑本二，载金毓黻：《辽海丛书》第94册，沈阳：辽海书社，1931年，第34页a。

△ 图 4-5 在冰上玩爬犁的小孩

(Jackson, William Henry, photographer. Two Goldi boys with sled on ice. Amur River China Russia, 1895. Nov. Photograph. https://www.loc.gov/item/2004708046/)

△ 图 4-6 骆驼爬犁

(宝音 摄影,《呼伦贝尔摄影》, 2012 年增刊,总第 8 期)

咧哩,人呼犬嚣,驶若快风,乌咧哩……"[1]对狗棚车的声音、速度和形态都有所描述,另外,当部落需要大迁徙时,由多只狗拖着的爬犁在雪地上形成的情境,爬犁被称为"雪龙"。

爬犁在多个冰雪民族中衍生出多项运动。其中,鄂温克人会乘自制爬犁从高山雪地滑下去,成了"赛爬犁"比赛。鄂伦春族则喜欢皮爬犁,皮爬犁顾名思义就是把兽皮绑在爬犁下,比试速度和距离。而这些冰雪民族的小孩冬季都喜欢拉着爬犁在冰面上玩耍,模仿大人以爬犁运人和运货。除此之外,鄂伦春、鄂温克等冰雪民族的爬犁除了用马和牛拉之外,还会用狗或驯鹿拉爬犁。满族的雪爬犁即"法喇"与其他冰雪民族相似,原本是用作捕猎和运输,后期发展成娱乐活动,其中一种叫"放坡"的游戏,要在足够厚的积雪上游玩,青少年把爬犁拉上山坡,然后滑下来,但其中需要几个人轮流分工,分别设两人作"把头"和"把舵",以及其他坐在爬犁中的队员,比赛分别是赛速度、距离和平稳感,选出优胜者。

---

1 苏凯、王健壮:《满族传统冰雪体育文化解析》,《黑龙江民族丛刊》2018 年第 4 期。

▲ 图4-7 《射骑图》

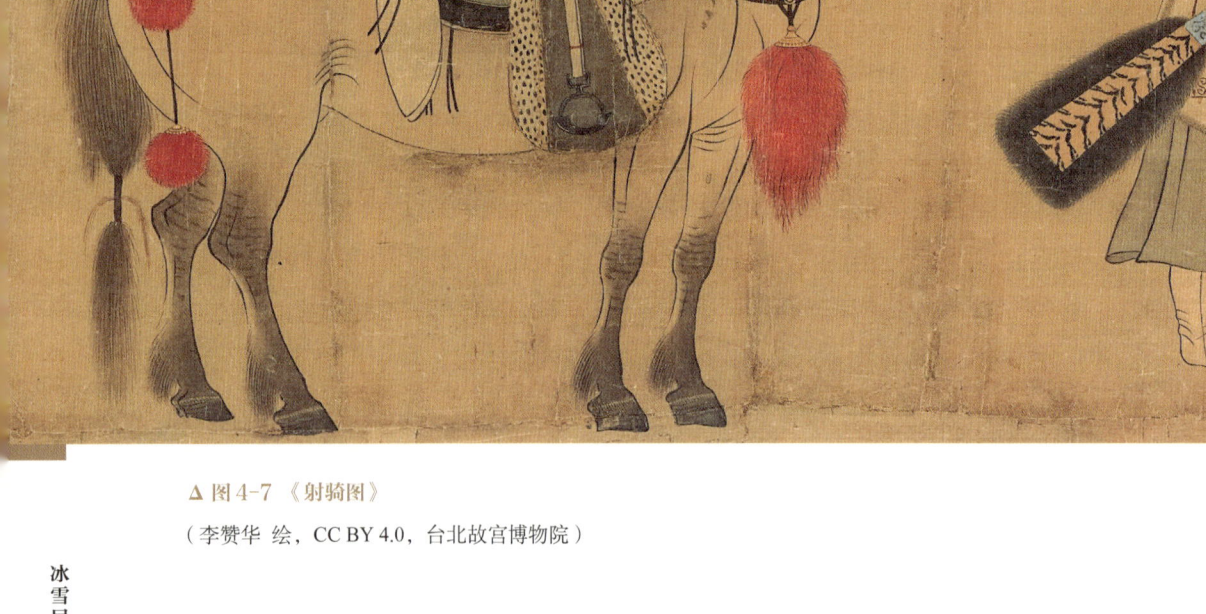

（李赞华 绘，CC BY 4.0，台北故宫博物院）

四、射箭

多个冰雪民族历史上以狩猎维生，因此，弓箭类活动是他们历史最悠久的活动之一。早期女真人以狩猎取得食物和防御野兽，史料记载，后金时期努尔哈赤鼓励人们练习骑射，作为立国根本，当时几乎每人都会骑射。而箭法的高低也成为当时的阶级象征。《金史》中记载："插柳毬场为两行，当射者以尊卑序。各以帕识其枝，去地约数寸，削其皮而白之。先以一人驰马前导，后驰马以无羽横镞箭射之，既断柳，又以手接而驰去者，为上。断而不能接去者，次之。或断其青处，及中而不能断，与不能中者，为负。必伐鼓以助其气。"[1]直到清朝，射箭仍受重视，在宫廷，每名皇子都需学习射箭，并要求考试。《清稗类钞》记载："钦派皇子，王公，军机大臣等，考试满语弓马。先命皇子较射，为诸宗室遵式。诸宗室视其父之爵以次考试。优

---

[1] 脱脱：《金史》卷三十五，北京：中华书局，1975年，第827—828页。

▲ 图 4-8 《玛瑺斫阵图》

(郎世宁 绘，CC BY 4.0，台北故宫博物院)

满洲镶蓝旗人玛瑺为清朝军事将领，在乾隆年间平定西域战争中，深入敌阵时放弃坐骑负伤出战，之后被乾隆帝册封为护军统领

▲ 图 4-9 赫哲猎人德尔苏·乌扎拉

(Vladimir Arsenyev 摄影，1906 年，Russian Science Foundation)

者带领引见，辄赐花翎缎匹以奖之。"[1] 在民间，射箭也非常兴盛，满洲人在每年春季祭祀后，便练习骑射，清道光皇帝的一道御旨中曾指出："八旗根本，骑射为先"，因此，八旗子弟都非常注重骑射本领。直至今天，射箭仍然是满族人的重要活动之一。

其中，在清代被编入八旗的锡伯族能骑善射，由于他们在历史上便已是渔猎民族，因此对弓箭和战马有深厚情感。锡伯族男性自幼便要接受系统的军事训练，成年时需披甲接受考试，他们的家人会以红线把小弓箭挂在家门前，希望长大后能成为骑射勇士。同是渔猎民族的赫哲族，弓箭是他们自古传承的工具。现时赫哲青年流行的射箭，仍以传统竹弓木箭为工具，射箭比赛多在森林举行。除此之外，木枪射击也是赫哲男女喜爱的活动，他们会以圆木制作"步枪"、柳木作子弹，树上挂木靶，在一段距离外以树或木墩作枪架进行射击，赫哲语中的"莫日根"便是击中木靶的英雄。

鄂伦春族中的"夏巴"即射箭，鄂伦春孩子从小就会使用弓箭，他们使用的弓一般是用松木或其他树木，再以狍的皮筋制弦。他们的射箭目标多为树木，有时也会骑射。鄂伦春男性与很多冰雪民族一

---

[1] 徐珂：《清稗类钞》，北京：中华书局，2010 年，第 600 页。

◁ 图4-10 骑射蒙古族人
[p.440 "In the uttermost East, being an account of investigations among the natives and Russian convicts of the island of Sakhalin, with notes of travel in Korea, Siberia, and Manchuria"（1903）]

样，自幼便开始学习射击，他们会跟着大人学狩猎，一般还未成年便会成为猎手，独自在山林中狩猎。在达斡尔族民间，射箭也是受人喜爱和重视的活动，在古代，达斡尔族各个"莫昆"（氏族）和"哈拉"（部族）都会组织射箭比赛，他们使用的弓箭一般以榆木或桦木制作。

另外，主要生活在大草原的蒙古族在13世纪便有骑射的历史。据《元史》记载，"猿臂善射，挽弓二石强"[1]。蒙古族的弓箭一般使用皮筋弦和牛角弓，铁链和以木制成的箭。他们的射箭活动分骑射和静射。参加静射比赛的射手需穿上民族服装和马靴，每人四箭射向靶心，射中最多者获胜；而骑射则是蒙古族的传统重头戏，骑射早在辽金元时期就十分兴盛，每逢节日都会举办，参加者遍及男女老少，都会自备弓箭马匹参赛。

射箭活动在西北地区也同样兴盛。在维吾尔族民间，射箭是一项传统活动。《宋史》记载："居民春月多群聚邀乐于其间。游者马上持弓矢射诸物，谓之禳灾。"[2]《西域闻见录》中也记载："又数十日，回子老少男女，鲜衣修饰，帽上各簪纸花一枝，于城外极高之处，妇女登眺，男子驰马较射。鼓乐歌舞，饮酒酣眺，尽日而散，谓之努鲁斯。"[3]生活在新疆帕米尔高原上的几个冰雪民族，也同样重视射击类活动。柯尔克孜族民间的骑射活动，当地人称为"射元宝"，该项活

---

1 宋濂：《元史》卷一百一十九，北京：中华书局，1976年，第2929页。
2 脱脱：《宋史》卷四百九十一，北京：中华书局，1985年，第1411页。
3 七十一：《西域闻见录》，载李元春：《青照堂丛书》（三编），哈佛大学图书馆藏，第92页。

▲ 图 4-11 《阿玉锡持矛荡寇图》（郎世宁 绘，CC BY 4.0，台北故宫博物院）

新疆准噶尔人阿玉锡本应有罪需遭受酷刑，但逃脱，此后他投奔至清朝乌里雅苏台军队，乾隆帝听闻他英勇善战，因此亲自召见他，并赏赐白银，并册封他为侍卫，乾隆二十年（1755）阿玉锡出师伊犁并平定准噶尔之役，于格登鄂拉立成功；因此，乾隆帝七月命阿玉锡入觐，并令宫廷画师郎世宁为他绘作《阿玉锡持矛荡寇图》

动源于古时部落间的战争与他们的生产生活。柯尔克孜族的射元宝一般在祭祀或婚礼上举行，参加的人多为草原上的狩猎高手。乌孜别克族人则喜欢"击木"比赛，"击木"最初源于19世纪中俄罗斯的塔塔尔人，该比赛有助于训练反应、判断力和臂力，俄罗斯族、维吾尔族、塔塔尔族人也喜欢该项活动，其中，俄罗斯称把击木比赛称为"嘎里特克"。现时，击木比赛在新疆伊宁、塔城、乌什、乌鲁木齐和阿图什等地区已非常普及。

在西南，射箭比赛是藏族中有悠久历史，也是祭祀和传统节日中不可或缺的项目，藏族民间流传"不射箭不能见英雄"的谚语。藏族的射箭比赛与其他冰雪民族一样，分静射与骑射。其中藏语的"大达潘巴"即骑射，在较早便出现。《巴塘志略》记载："柳林台北二里，濒临溪河平芜浅草，春时土司请台站文武校阅番兵骑射于此。"[1] 直至清末，虽然"柳林软射"消失，但骑射活动依然，在多个不同藏区的射箭形式也有不同。

居住在雪山深谷中的傈僳族也以"刀耕火种""射猎为生"维生，傈僳人也就因此有精湛的射箭技术。《云南通志》对此记载："善用弩，发无虚矢，每令其妇负小木盾径，三四寸者前行，自后发弩中其

---

[1] 钱召棠：《巴塘志略·游览卷》，《中国民族史地资料丛刊》之四，1978年，第16页。

盾，而妇无伤以。"[1] 傈僳人所用的弯弓一般以岩桑、枯木或栗木制成，分大弩和小弩，傈僳人也会在雪山中采集实心的竹木制作弩箭，箭的末端装有有毒或无毒的羽毛。与其他冰雪民族不太一样，傈僳族常以食物作靶，意味中靶的人在接下来的一年中都有财运，而他们射中的食物会与众人分享。同是在雪山深谷生活的羌族也有射箭的传统，《后汉书》记载："今虏皆马骑，日行数百，来如风雨，去如绝弦。"[2] 直至今天，羌族的聚居区中，骑射也是非常重要的活动。

五、赛马、赛骆驼

马匹是冰雪民族的标配。在东北，自古骑马狩猎的鄂伦春人常举办"耶路里得楞"（赛马），鄂伦春马与其他冰雪民族的马匹相比，个头较矮小，但有"山林之舟"的称号，因它们善于攀山越岭，身体亦非常壮健有力，可以连续数天在森林中奔走。每年春节，鄂伦春人都喜爱举办赛马活动，比赛分不同距离和组别，年轻人参与的组别一般是以速度最快者取胜，老年人参赛的组别是让马匹负重跑到终点，两组比赛的所有参加者在抵达终点后，都需要喝一口酒，以表尊敬。鄂温克族也同样喜爱赛马活动，他们与蒙古族一样会举行祭敖包仪式。在祭祀仪式开始前，会先赛马；鄂温克族的赛马活动多由年轻人参与，一般是以速度和技巧取胜。除赛马外，套马也是鄂温克族人喜爱的活动，这项活动需要的体力较大，因此参加这项活动的健儿都熟练骑术和有耐力。活动一般在节庆日子举行，参加者会选择最好的马匹，互相比试套马技艺。同样生活在东北的达斡尔族自幼便练习骑马，过节时会举办大型的赛马，达斡尔人称其为"毛里亚得贝"，比赛分速度组与耐力组，在赛马中获胜的参加者，会被视为是最高荣誉。

---

1 乾隆：《云南通志》卷二十四《土司》，《钦定四库全书》史部十一·地理类，第44页b。
2 范晔、庄适：《后汉书》卷一百一十七，上海：国学整理社，1935年，第1814页。

在马背上的蒙古族中，赛马、射箭、蒙古式摔跤是"男儿三项竞技"。生活在辽阔大草原的蒙古族培育的蒙古马非常优秀，是蒙古族人的翅膀。据史料记载，成吉思汗有13个"古列延"（军事组织），当中高达3万人熟练骑射，因此时至今天，赛马仍是该民族的重要运动，是鄂温克族、蒙古族等冰雪民族的竞技大赛之一。关于马背蒙古族，还有不少史料记载，如《黑鞑事略》记载："孩时绳束以板，络之马上，随母出入，三岁以索维之鞍，俾手有所执射，从众驰骋；四五岁扶小弓、短矢。"[1]《清稗类钞》记载："蒙人尝于每岁四月祀鄂博（敖包）。祀毕，年壮子弟相与贯跤驰马……驰马者，群年少子，各选善走名马，集于预定之处，近则三四十里，远或百余里，待命斗胜负……闻角声起，争叱马鞭其后，疾驰趋鄂博。先至者谓之夺彩。"[2]《清稗类钞》记载："青海之蒙古妇女，出必跨马，数里之遥，不常用鞍，辄一跃而登马背焉。"[3]那达慕大会中的赛马比赛，赛马不限品种，距离由2000至10000米不等，参加者多穿着传统民族服饰上场参赛，赛道分圆场和直线，胜出的马匹会获得大会主持或嘉宾唱马诗诵赞，主持或嘉宾也会在获得第一名的马匹身上撒奶品或奶

▶ 图4-12
马背上的蒙古族人
（邱偌 摄影，CC BY-SA 2.5 cn, https://commons.wikimedia.org/w/index.php?curid=6284305）

1　彭大雅：《黑鞑事略》，上海：商务印书馆，1937年，第10页。
2　徐珂：《清稗类钞》，北京：中华书局，2010年，第2989页。
3　徐珂：《清稗类钞》，北京：中华书局，2010年，第2214页。

△ 图 4-13 卡拉库尔湖的柯尔克孜族人

（Dmitry P 摄影，CC BY 2.0, https://flic.kr/p/73Zphu）

酒祝贺。赛马以外，马背民族也爱展示他们的马术，比赛中能看见参赛者"人马合一"展示不同惊险技艺，马术比赛的主要分乘马斩劈、马上技巧、超越障碍、乘马射箭和马球等多项。另外，赛骆驼也同样是蒙古族的传统活动。"沙漠之舟"骆驼耐寒暑、耐饥渴，善于在沙漠戈壁中行走，也能负重。不过并不是每一类骆驼都能胜任比赛，一部分用作货运的骆驼行动缓慢，并有"牛脾气"，若被惹生气或心情不好便会倒地不愿起来。因此，能参加比赛的骆驼都是经过严格挑选，身高、四肢，以及行走速度都有一定标准，还需经历严格训练才能上阵。

在西北地区，马同样是多个冰雪民族的好伙伴。哈萨克族和塔吉克族人一年四季不同节日，英雄人物纪念日、结婚等节庆活动中，都会举行赛马活动。历史上，不同的哈萨克部落间会自发组织比赛，每次都会有好几百匹马参与，并会透过比赛区分"好马部落"。另外，在柯尔克孜族和塔塔尔族民间有一个"飞马拾银"活动，是该冰雪民族一项世代流传的马术项目。柯尔克孜族史诗《玛纳斯》中记载："地上挖个四方洞，银圆放在其中，银圆吸引周围的人，小伙子飞马去拾。"现时，飞马拾银活动除了"拾银圆"外，还会"拾戒指""拾耳环"或拾不同的物品。参加这项活动的人，马术技艺都非常高，比赛前他们会在草地上挖个小坑，把要拾的物品放在去。比赛开始他们便快马加鞭拾取目标物，以拾得次数最多者为胜。而同样生活在西北地区的乌孜别克族，女子也能成为赛马好手，其赛马比赛分男女组别，他们在大草场上比赛，按环形跑，以速度取胜，胜出者享有很高的荣誉。

青藏高原上的"达久"，即藏族的赛马，深受当地人民喜爱，达久的起源流传着许多传说。传说在古时，华热部有13兄弟，英勇善

▽ 图 4-14　青藏高原赛马

（Ggia 摄影，CC BY-SA 3.0, https://commons.wikimedia.org/w/index.php?curid=18134321）

战，最小的弟弟才华出众。在一次保卫战中，13兄弟率领华热108个部落与侵略者激战。后世为纪念他们，每年都举行赛马，比赛中前13名参加者都给予奖励，尤其对第13名加一份奖品，以示对最小弟弟的崇敬。另一传说是唐朝吐蕃王松赞干布迎娶文成公主后，在拉萨举行盛大庆祝活动，活动其中一项是赛马，松赞干布也有参加，并获得第13名。另外，还有多个传说流传，均与"13"有关。而现时藏族的赛马，不同的地区一年四季都有举行。比赛一般会看马型、步态和骑手的技术，也是以速度取胜，赛道一般以地形而定，有的是平地赛，有的是越野赛，也有的是障碍赛。而生活在冰雪世界中的藏族人崇尚白色，他们的赛马讲究白马取胜，象征着和平幸福。很多时候他们认为黑为恶、白为善，若比赛中黑马领先，一些人会以马鞭惊吓黑马，同时也示意骑手让白马超越。

六、叼羊

叼羊是塔吉克族、哈萨克族、柯尔克孜族、乌孜别克族等冰雪民族最喜爱的传统活动，有着悠久历史，在不同的节日、祭祀和婚礼中扮演重要的角色。塔吉克族的叼羊，骑手骑着骏马，以最快的速度夺取到山羊者为胜。乌孜别克族和哈萨克族的叼羊比赛大致相似，分原地叼羊和追击羊两种。比赛前，由长者把山羊放在草场上，多名骑手会在原地比武，比较马匹的力量等多项。比赛开始后，骑手们便要快速上前争夺山羊身体。按萨克族的习俗，获胜的骑手把叼得的羊扔到别人家中，谁家被扔，谁便得到祝福，并需设宴招待客人。

在柯尔克孜族中流传一句谚语："摔跤见力气，叼羊见勇敢。"反映叼羊在族中的重要性。《新疆之吉尔吉斯人》一文中描述："富庶之家，置羊于某地，由骑士乘马夺之。其争夺战往往数小时，羊虽死，而结局归于某长，始为胜利。"[1] 柯尔克孜族人认为羊能让族人有顽强

---

[1] 乃达庭：《新疆之吉尔吉斯人》，王日尉译，《禹贡》1935年第6期。

△ 图 4-15 叼羊比赛

（左：Peretz Partensky 摄影，CC BY-SA 2.0, https://flic.kr/p/9joaU3；右：Lauras Eye 摄影，CC BY-ND 2.0, https://flic.kr/p/8LDZwU）

位于阿富汗与新疆帕米尔高原边境的冰雪民族热爱叼羊活动，每位选手在比赛场上都奋不顾身希望能成功夺得山羊

拼搏的精神，能令人变得勇敢无畏。现时在柯尔克孜族中参加叼羊的骑手，需要非常有马术技巧，以及身体强壮，叼羊活动一般会用两岁左右的羔羊，割去它的头和蹄，再取出内脏，剩下身体，放在盐水中浸泡，叼羊时才不易因撕扯导致破裂。柯尔克孜族的叼羊比赛分分组对抗、团体对抗和单骑个人对抗三种组别，都是以速度和反应取胜。胜利者可以把夺得的羊，献给观众席上的一位女性，而这位女性也要以头巾、手绢等物品回礼给骑手；胜利者也可把夺得的羊放在某一家人的门前，而这家人也要送给骑手一只小羊作回礼。

七、赛牦牛

藏族饲养"高原之舟"牦牛，已有2000多年历史，牦牛耐高寒、能吃苦，在漫长的养牧中，藏族发展出赛牦牛的竞技运动，在一般节日、结婚庆典或祭祀等时候进行表演。据历史记载，藏族的赛牦牛可追溯至唐朝初期，松赞干布迎娶文成公主时，派遣大批骏马到赤岭迎亲，并在路上举行隆重的仪式，而在欢迎仪式上，以白色和黑色的牦牛，组成了赛牦牛活动，文成公主十分喜欢，因此，松赞干布便决定在以后每年的藏族赛马中，加入赛牦牛这项活动。直至宋代，外敌入侵，当时的骑兵在牦牛角上绑上锋利的刀冲向敌军，牦牛地位从此变得更加重要。现时在各个藏区，仍不时举办赛牦牛活动，一般在夏季进行。

八、打冰嘎

打冰嘎又称打陀螺、打冰尜、抽冰嘎、抽冰猴等，是东北冰雪民族喜爱的游戏。以木制成的陀螺，上平下尖，呈倒立的圆锥体，人们会以细木棍或树枝作鞭子，系上麻绳用作抽嘎。游玩时，人们要先把冰嘎的尖部朝下，甩在冰面上，再用鞭子不停抽打，使它旋转在冰面上，此时嘎子会发出嗡嗡声。也有"撞架"玩法，不同人打飞各自的陀螺，令各个陀螺互相碰撞，谁先被撞停、倾倒或击出便为败。民间有民谣记载："小陀螺，尖又圆，一条鞭子打着转，一转两转连三转，转来转去看不见。""小陀螺，快快转，鞭子抽打不间断……"[1] 因此，打冰嘎深受冰雪民族喜爱。

▽ 图4-16
在黑龙江冰面上打冰嘎
（左：Carsten ten Brink 摄影，https://flic.kr/p/SgQfs2；右：许雪莲 供图）

---

[1] 苏凯、王健壮：《满族传统冰雪体育文化解析》，《黑龙江民族丛刊》2018年第4期。

九、曲棍球

达斡尔语"波依阔"即曲棍，达斡尔语中的曲棍球被称为"波列"，达斡尔族的曲棍球项目流传已久，与唐代"步打球"和北宋"步击"相似。达斡尔族人中的曲棍，一般以幼树的弯曲根部制作，他们使用的球，一般比人的拳头小，分毛球、火球和木球；毛球以动物毛制成，多是小孩子玩耍；火球以桦树木上的白菌疙瘩制成，再在球上穿上小孔填入松明燃烧；木球则以杏树根部制作。当中，火球最为有特色，在草原上的夜晚，不时可看到达斡尔人争击火球的局面，非常精彩。他们打曲棍球的规则与现代的曲棍球十分相似，球场两侧各设龙门，各队球员均派出11人，1位龙门，2位守卫，其他球员均可进攻，比赛由场地中心发球，打进对方龙门得分。现时，随着国际曲棍球运动发展，达斡尔族聚居的一些地方有"曲棍球之乡"的称誉。

维吾尔族民间也有一项类似曲棍球的项目"帕卜孜"，历史非常悠久，主要在南疆地区流行。帕卜孜比赛一般在平地进行，赛场上的底线会放两顶帽子或其他物品作龙门；帕卜孜比赛用的球多以皮革或硬木制作，呈椭圆形，比赛分两队进行，每队7至9人，同样在比赛的场地中央发球。

十、马球

马球顾名思义为马背上的球类运动。著名史学家刘子健（J.Liu）的《马球与文化变迁》（*Polo and Cultural Change*，1985）一文曾关注唐朝、五朝、北宋和南宋间的马球历史，他发现，后唐之初，那些中外帝国的宫廷文化在唐朝曾受到青睐而被引入，马球也是其中之一，但随着时间的推移、文化模式的改变，这项运动在北方和南方都开始没落。

▲ 图 4-17
西安大明宫马球壁画
（David Stanley 摄影，CC BY 2.0, https://flic.kr/p/2hkEqyW）
西安大明宫遗址博物馆展出的马球壁画，表明中国马球在唐代已很受统治阶级欢迎

塔吉克族的马球比赛称为"挂波齐"，是塔吉克族民间古老的马球活动。根据史料，中国的马球早在汉代已出现，塔吉克族人的马球活动很早以前在塔什库尔干塔吉克自治县的"石头城马球潮"中已有记载。

位于帕米尔高原的塔什库尔干塔吉克自治县于1974年9月，即该县成立20周年之际，举行过马球比赛以纪念。该族的马球，一种是木质的，一种是以毡毛缝制的，前者主要以"托合"，即树木根茎制成，"托合"呈圆形，用刀削成圆形，非常结实；后者则需要加入一些碎布或碎片，以及晒干的羊粪，增加弹性，这种球比木质的球要大一些。而马球的球棍一种上端是圆形；下端是扁形；另一种则是扁形木杆，下端有突出部分。

比赛时，运动员双方都没有规定的服饰，但每队需要系上与对方不同颜色的头巾作区别，塔吉克族人认为白色和红色代表吉祥，因此一般一队会以红色，另一队会以白色头巾。红色代表喜庆和吉祥，白色代表远大和纯洁。比赛的运动员人数也没有规定，每一支队伍一般由一个部落或家族组成，人数为6至12人不等，比赛分上下场，每场为半小时，马球比赛所用的计时器，是古老的木碗滴水。比赛规定，过程中不能用棍打人或打马，犯规者会实时被罚离场。

第二节 冰雪民族的节庆活动

一、东北冰雪民族

（一）春节

对鄂伦春族和鄂温克族人来说，马奶酒是每逢大过年必备的，意味着新一年可以像骏马般精神爽利和身体健康。鄂伦春族和鄂温克族的春节与汉族的习惯相似。进入腊月，他们便开始办年货，在外狩猎的人都会在除夕前回家，除夕夜吃团年饭之前，他们会先祭祀北斗星和祖先，晚上也会守岁。初一的早上，他们会吃"谢纳温"，即饺子，吃饱后便会全家一起在家门外向东面或南面点9炷香，向山神和天神跪拜，保佑新一年平安无灾，以及向神仙祈求猎物。祭祀仪式结束后，他们便会带着酒肉到处拜年，进入别人家前，必须先祭火神，烧香、向篝火敬酒扔肉，祭祀结束后，需要向主人家叩头、敬酒和敬上香烟。年初三为"赤口"，不宜外出或拜年。年初五是他们的"鬼日"，不宜活动和发出吵闹的声音，也不宜外出。

朝鲜族称春节为"元日"，每年除夕夜都会全家守岁，弹琴吹箫，载歌载舞。正月初一，他们都会穿上民族服装，早上须先向祖先行大礼，这个祭祀仪式非常重要。祭坛所摆放的物品也非常讲究。然后，小孩需要向成年人拜年，成年人需要还礼，并讲祝福的话。然后会吃"岁餐"，"岁餐"中包括米糕汤，圆圆白白的米糕象征太阳和圣洁，意味迎接新一年的到来。

达斡尔族将除夕称为"布通"，大家都会在这天打扫和贴对联和年画，准备牛粪马粪点燃起来用来驱邪，准备过年。吃除夕团年饭前要向火堆扔饺子、肉或点心，向火神致敬。饭后也要举行祭祀仪式，向先祖和各方神仙跪拜和上香，各家也会在门前挂上冰灯或灯笼。踏入午夜，每人需向家中长辈敬酒和祈福，整夜灯火长明。达斡尔族

冰雪民族文化拾零

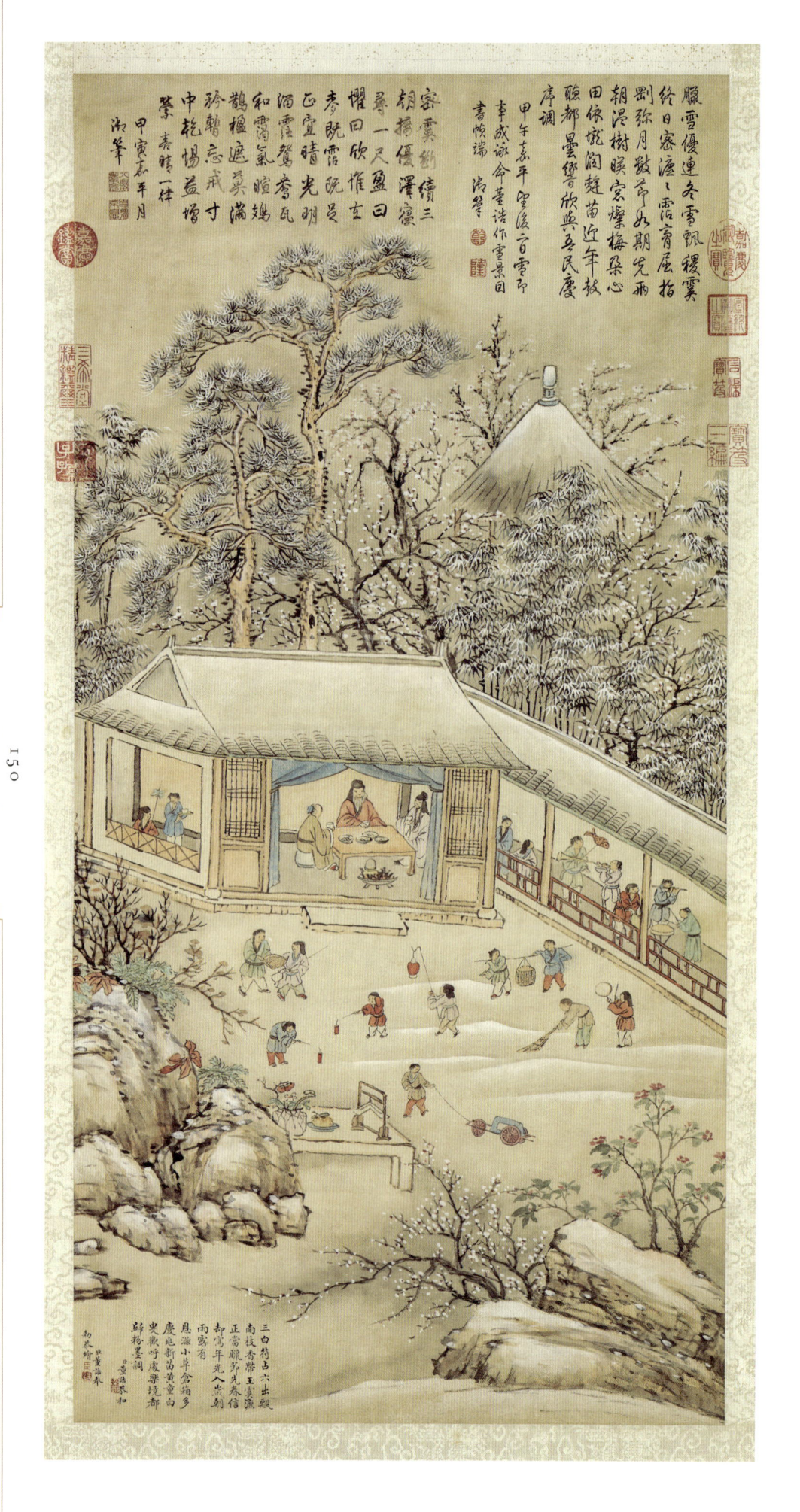

◀ 图 4-18 《乾隆雪景图》

(董诰 绘，CC BY 4.0，台北故宫博物院)

乾隆三十九年（1774）腊月，乾隆咏雪诗成，下令董诰绘画，图中描绘了过年热闹的场面，白雪覆盖大地，图中央多名儿童在雪地中放鞭炮、玩花灯、扫雪等，室内的人点燃火炉围在一起喝酒吃肉，图的前方一些梅花和茶花正盛开，石案上放着柿、橘等的贺岁供品

▲ 图 4-19 《元人岁朝图》与《岁朝清供图》

(CC BY 4.0，台北故宫博物院)

不少冰雪民族都会在春节祭祀，图左为元代岁朝欢庆的情景，图右为元代岁朝清供花卉和各式各样的祭品，镂空双层玲珑套瓶内插白梅、天竹，花间悬香囊、玉磬、蝙蝠口衔盘长，且有祥云组合，寓意"福寿绵长"。黑漆彩绘几架上置铜香炉，瓷瓶内插香箸，另有爆竹及玉兰式盆插。前方果盘盛满百合、柿子、苹果、佛手，旁置柏枝与柿、灵芝与细颈玻璃瓶，巧妙运用同音谐音，表达"百事平安、福气吉祥"

第四章 冰雪民族娱乐节庆

◁ 图4-20 达斡尔族人在除夕燃点牛粪堆驱邪（许雪莲 供图）

△ 图4-21 阿涅节前包好的饺子（许雪莲 供图）

称春节为"阿涅节",早上需要祭神和上香跪拜,以及向长辈行敬酒礼,新年第一顿饭必须是吃饺子,饺子中会有一根红线或一枚硬币,吃到红线的人意味会长寿健康,吃到硬币的人代表有财运。吃完饺子后便会到亲友家拜年,互相赠送香烟、糕点、奶皮子或肉类等。

(二)元宵灯节

东北地区冰雪民族在每年春节或正月十五,都会很讲究"亮堂",一般会在院子或家门前摆放自制的冰灯。有些冰灯用桶或盆子作为模具,有一种叫"畏得罗",是一种下窄上阔的木桶,以往用作给饲养的牲畜装水草饲料。冰灯的具体做法是:"将模具内盛上水,放在外面冻,当靠模器边的水结了一层冰时,将里面没结冻的水倒掉,再从模器中将冻得与容器形状相同的'模型'倒出,里面是中空的,然后点上油灯或蜡烛,将模型的口向下,倒扣在门台或院墙上,因为有冰灯罩,灯不至于被风吹灭,并且因天冷灯罩也不融化,可以较长时间地使用照明。"[1]在华北地区的元宵节,也是处处悬挂着各式各样的彩灯,有玻璃、牛角或纱布制的。满族民歌有:"腊八过,搬冰忙,抬冰块,赛冰糖,树杈上,积粪场,圈窝旁,都摆上。不生瘟疫不生疮,来年粮食准满仓。元宵节,搬冰忙,做冰灯,放光芒,冰灯挂在大门口,秧歌过来喜歌扬,小孩乐得随声唱。"[2]

多个冰雪民族的元宵灯节也各有特色。朝鲜族的"上元节"会举办多项活动,其中有"火炬战""迎月""踏桥"等活动。"火炬战"即赛火,比赛谁的火炬最明亮,而且亮的时间最长。迎月是每个人手拿火炬登高,据说最先看到初升明月的人,新的一年会有福运降临,迎月之后,大家会一同在月光下踏桥。在上元节的月光下踏桥,也能为新一年带来福气。鄂伦春族的元宵节也要"祭月亮",他们认为月

---

[1] 刘佳男、孙柏枫:《满族冰雪运动的历史渊源与演进》,《中国学校体育》(高等教育)2016年第1期。

[2] 博大公、季永海、白立元:《满族民歌集》,沈阳:辽宁民族出版社,1989年,第255页。

亮能帮助在大山中狩猎的族人指引方向，因此这天是非常重要的节日。生活在云南的部分彝族在元宵节当天会举办"龙灯会"，龙灯会中有多个比赛和娱乐项目，也会展出多个彩灯。部分纳西族会在元宵节当天"谢灯"，在这天他们会举行"赛灯"活动，每个人用不同的彩纸、娟或布等，制作成牦牛、龙等不同的动物或植物形态花灯，在众人面前展示与表演。

（三）雪祭

冰雪崇拜是冰雪民族共有的文化现象。雪祭沿于古代的部落战争，《雪祭神谕》（1938年）中便讲述了部落受雪神保护，摆脱了危险和灾难的故事，因此雪祭便留存下来："相传，祖先起根的遥远年代，我们的先人们，狩猎于黑龙江北宁涉里山。山西住着仇家大部落，人称'巴柱'魔怪。先人受其伤害，被欺赶逃遁……先人尸横遍野，濒遭天绝。突然，天降大雪，纷纷扬扬，雪花片片，连绵不绝，湖塘、沟壑、遍野都是雪。巴柱部落追踪赶来，不见人迹。可怜的先人啊，全藏在雪被里。大雪弥漫如毛裘，又像天鹅舒展翅膀，先人们藏在温暖的羽毛腹肚下，恩佑脱险。吉祥啊吉祥，后嗣由此接

▲ 图4-22 正主持仪式的萨满
（https://travelask.ru/articles/evenki-tungusy-aristokraty-sibiri-pod-polyarnoy-zvezdoy）

▲ 图4-23 冰灯雪景
（曹保明 供图）

▶ 图 4-24
上：鄂温克族的萨满
下：赫哲族萨满及其助手
（上：https://travelask.ru/articles/evenki-tungusy-aristokraty-sibiri-pod-polyarnoy-zvezdoy；
下：Jackson, William Henry, photographer. Goldi Shaman Priest and Assistant. Russia, 1895. Nov. Photograph. https:www.loc.govitem2004707519）

续、留存。祖先感激天赐神雪，代代诚祭雪带，留下祭雪古俗。神雪恩译亲人，永结机缘。"[1]

在鄂伦春和鄂温克族中，每年初雪后，便是猎季，他们会根据猎物在雪地上留下的脚印判断猎物的踪影，进入森林狩猎前，猎人都要拜祭"白那恰"山神，"白那恰"掌管着山林，祭祀是告诉"白那恰"，自己是为了维持族人的生活才猎杀动物，请求山神和被猎动物的宽恕，而他们所猎得的动物，一般都会与族内每家人一同分享。

满族的萨满雪祭主要在：（1）雪枯时节，无降雪被冰雪民族视为灾祸降临的先兆，因此，不同的村庄会组织请雪、求雪或祈雪祭典，祈求"尼莫妈妈"雪神的降临；（2）大雪之时，大雪意味着狩猎冰雪民族能猎得好物，农业也能获得丰收，待春季来临时花会开满遍地，瘟疫与疾病都会消失，因此人们为感谢雪神的降临而举行娱雪或庆雪的雪祭；（3）夏季将至，夏季来临前夕的冰雪开始融化，意味着雪神忙碌了一段长时间需要休息，人们会在这时举行送雪和惜别祭；（4）连场暴雪，连续的大雪会封锁山林和道路，或会引至雪崩和其他突如其来的自然灾害，此时人们希望能保护人畜，会举行雪祭，祈求大雪停止。冰雪民族在雪祭时，会向雪神献上如天禽、活牲、饽饽或水果等祭品，而参与祭祀仪式的所有人都需进行"雪的洗礼"。主持雪祭的包括穆昆、萨满和锅头，他们需进行雪浴，用雪洗擦身体、脸和嘴巴，而他们所使用的器具也要用雪擦洗。

在多个冰雪民族中，萨满是神圣的存在，而雪神也被萨满喻为是主宰北天寰宇的姊妹大神。雪祭是冰雪先民长期与冰雪搏斗的生存智慧，雪祭中，各个冰雪民族和他们的萨满会迎请他们的祖先，并歌颂和模拟这些祖先的英雄事迹，以激励后人在冰雪中努力生产生活。雪祭除了祭神的仪式外，也有雪战、堆雪人、滚雪球、雪中迷藏、雪雕或冰雕等的竞技活动。

---

[1] 转引自郭淑云：《满族萨满教雪祭探析——兼论原始萨满教的社会功能》，《内蒙古社会科学》（文史哲版）1992年第5期。

▲ 图 4-25
东北地区小孩在雪中滚雪球
（许雪莲 供图）

（四）轱辘冰

轱辘冰又称"走百病"或"雪地走"，这项活动非常流行，也有不少文献记载。其中，《郎潜纪闻初笔》记载："京师正月朔日后，游白塔寺……十六夜，女子出游，谓之走百病。"[1]《清稗类钞》记载："正月十六日，妇女步平沙，曰走百病。或连袂打滚，曰脱晦气，入夜尤多。"[2] 轱辘冰被冰雪民族认为可以祈福和除害，满族妇女尤其喜爱。满族传统中，每年春节正月十六，妇女们会相约在冰上打滚或在街上到处游走，以消除百病和祈福。直至现在，仍有不少人会轱辘冰，但现代的人已把轱辘冰当成一种冰上游戏，在冰上翻滚和嬉戏打闹，同时也会在对方身上泼雪，意味着祛除晦气，来年万事顺景，有民间歌谣唱道："轱辘轱辘冰，不腰疼不腿疼，轱辘轱辘冰，身上轻一轻。轱辘轱辘冰，一走去百病，身体多健壮，是个老寿星。"

---

[1] 陈康祺：《郎潜纪闻初笔》，北京：中华书局，1984年，第253页。

[2] 徐珂：《清稗类钞》，北京：中华书局，2010年，第9页。

△▽4-26 除了"轱辘冰",满族春节活动也非常多样,男女老少都喜欢在正月农历新年在大雪中跳舞(许雪莲 供图)

二、华北冰雪民族

（一）春节

小说家老舍1951年曾写下《北京的春节》一文，文中指出，过春节一般在腊月头就开始，"腊七腊八，冻死寒鸦"，表达的是每年最冷的日子，因此，每家人都会在腊八当天煮"腊八粥"。因汉族自古就是以农耕为主，常以各种米、豆或干果煮粥，而"腊八粥"就是为他们的先祖和神明准备的。

腊八当天还要泡腊八蒜，是为了在春节期间吃饺子准备的，北京的春节，每家每户都会吃饺子。腊八的到来，意味着大家会开始办年货，集市都会红红绿绿一片，年画、春联、糖果、松枝、年糕、年橘和年花等。到了除夕当天便会祭祖和吃团年饭，晚上很多人都守岁不睡觉。正月初一起，男人便会到处去拜年，女人一般会在家中招待客

△ 图4-27 腊八粥
（安福 摄影，北京，1940年1月，华北交通数据库，3705-025872-0）

▶ 图4-28 北京的骆驼队
（Ralph Repo 摄影，CC BY 2.0, https://flic.kr/p/7nx4MR）

开韶庆佳节,合宅乐团圆。
夫妇同堂洽,儿孙绕膝妍。
华灯灿绮楼,阶前爆响。
表吉南枝报春萼,光宇宙延。

御题姚文瀚岁朝欢庆图
臣赵永沖奉勅敬书

冰雪民族文化拾零

◀ 图 4-29 《岁朝欢庆图》
（姚文瀚 绘，CC BY 4.0，台北故宫博物院）
图中前方室外的小孩在玩耍，放爆竹、摘冬梅等。成年人在室内围桌喝酒吃肉，图后方为侍婢在准备酒食及悬挂灯笼

人。北京的白云观广场以前还会有赛马和赛轿车表演，有时还会有赛骆驼。

"白节"是蒙古族重要的节日，即他们的"过大年"，农历正月蒙古族人称为"白月"，他们崇拜白色和蓝色，前者象征纯洁和神圣，后者则是蒙古族人的象征。蒙古族人会在每年腊月二十三"送旧"，打扫卫生和贴春联等。在腊月二十三以后就会准备"迎新"，准备好自己家每人的民族服饰、奶制品和公羊肉，不能缺少的当然是马奶酒。除夕夜会，在蒙古包中央煮肉饮酒，也会围着火塘吃饺子。踏入正月初一在太阳升起前，需要在蒙古包外点香，男人要向西南方三跪九叩祭拜天神。仪式结束后，后辈需在蒙古包里向长辈敬装有酒肉的"新年碗"，祝福长辈健康长寿；会一家人吃饺子，之后便会走访各家各户拜年。

▽ 图 4-30 元宵节
（周昉 绘，CC BY 4.0，台北故宫博物院）
元宵节的旧俗是夜张灯为戏，所以也称为灯节，图中正描绘此一时节，画中有三位女子合奏，母亲拉着坐在大象花灯上的孩童，梁上也挂着跑马灯

（二）元宵灯节

元宵节即每年农历正月十五，又有上元节之称，在这个新一年第一个月圆之夜，人们都会举办很多与灯相关的活动，如猜灯谜、画花灯等。元宵节的来源有几个说法，相传汉武帝在正月第一个辛日[1]祭祀最高神明北极星"太一"，因此后世便把正月十五是为祭天神的日子。另一个说法是在汉魏之后，因佛教文化传入而形成元宵节。然

---

[1] 每十日便有一个辛日，正月第一个辛日通常是皇帝祈福的日子。

而，汉明帝也是虔诚佛教徒，因此命令在正月十五夜晚香佛祖点灯，以示敬意，自此，更多的民众便纷纷仿效。

另外，元宵节点灯的习俗也有人认为是起源于道教的"三元"，正月十五的上元、七月十五的中元和十月十五的下元。吴自牧的《梦粱录》记载："正月十五元夕节，乃上元天官赐福之辰。"[1]因此有上元节点灯的习俗。

除此之外，华北地区元宵节的餐桌上不能缺少元宵，元宵是用糯米粉制成，甜的元宵里面包有红豆、芝麻或花生等的馅料，咸的元宵则包鲜肉馅料。吃元宵是华北地区元宵节的传统习俗，象征一家人像满月一样团团圆圆，也祝愿新一年美好的意思。

▲ 图4-31 老北京的年宵灯节
（左：北京，华北交通数据库，3902-027577-0；右上：汤本 摄影，北京，华北交通数据库，3604-009745-1；右下：北京，华北交通数据库，3601-000181-0）

---

[1] 吴自牧：《梦粱录》，郑州：大象出版社，2019年，第210页。

▷ 图 4-32 《十二月月令图·正月》

（CC BY 4.0，台北故宫博物院）

图中的宫廷建筑物中挂满灯笼，图的前方一群人在赏灯、赏腊梅花和聊天，图的中部男女老少在玩耍、放烟火，图的后方为老百姓家，他们也同样在庆祝春节，互相祝贺和放灯火等

▽ 图 4-33 老北京卖元宵的摊档

（北京，华北交通数据库，3901-013716-0）

（三）冬季那达慕

"那达慕"是草原文化的重要组成部分，现时，生活在北方的冰雪民族蒙古族、鄂温克族等仍会举办这个仪式。那达慕的前身是"祭敖包"，是北方冰雪民族的重要祭祀活动，是一种崇拜高山、树木、天地等方面的自然崇拜。《元史》记载："元兴朔漠，代有拜天之礼。衣冠尚质，祭器尚纯，帝后亲之，宗戚助祭。其意幽深古远，报本反始，出于自然，而非强为之也。宪宗即位之二年，秋八月八日，始以冕服拜天于日月山……岁甲寅，会诸王于颗颗脑儿之西，丁巳秋，驻跸于军脑儿，皆祭天于其地。世祖中统二年，亲征北方，夏四月亥，躬祀天于旧桓州之西北。洒马湩以为礼……"[1]冰雪民族沿袭了祖先的祭天和祭敖包的习俗，认为天地和自然是他们氏族部落的保护神，因而值得崇拜。

冰雪民族会在冬天白茫茫的大兴安岭中举行冬季那达慕。"慕"是蒙古语中的游戏或娱乐，表示喜悦。冬季那达慕在零下几十摄氏度的寒冬中举行，非常考验冰雪民族的心灵和意志。冰雪活动是冬季那达慕的核心项目，位于东北部的呼伦贝尔，冬季频繁降雪，存雪期长，拥有独特的冰雪天然资源；在这里的冰雪民族如蒙古族、鄂温克族、达斡尔族、鄂伦春族等的生活与生产方式，都与冰雪、森林和草原自然融合。冬季那达慕也保留了冰雪民族的民间竞技运动项目，还增添了抢枢[2]、骆驼雪橇和马拉雪橇等具特色的民俗活动。冬季那达慕的开幕式非常隆重且充满民族特色，主持人宣布嘉宾名单后，便会举行传统的"祭苏鲁锭"[3]仪式。随后，几百匹奔腾的骏马、骆驼，以及多辆彩车如勒勒车、米勒干车、驯鹿车、俄罗斯彩车等队伍依次进入会场。由蒙古族、鄂温克族、鄂伦春族和达斡尔族等多个冰雪民族组成的队伍进行文艺演出。

---

[1] 宋濂：《元史》卷七十二，北京：中华书局，1976年，第1781页。

[2] "枢"在鄂温克语为"销子"，参赛者在赛前把"枢"埋在土地中，比赛时最先找到"枢"的人要大声喊"枢"，众参赛者也会前去争夺"枢"，谁在最后拿着"枢"敲打终点的轮子便可胜出比赛。

[3] "苏鲁锭"是成吉思汗的军徽或军旗。

△ 图 4-34 那达慕会场（方征 供图）

△ 图 4-35 文艺表演（方征 供图）

冰雪民族非常重视冬季那达慕，每人都会穿着属于自己的民族服饰，带上自己的马匹和骆驼参与

那达慕中也绝对不能缺少古老的蒙古族"祭火"仪式，祭火仪式象征着冰雪民族能获得幸运，仪式也期许着他们香火永续、家宅兴旺等。整个那达慕仪式体现了冰雪民族对包括火在内的自然崇拜，体现了冰雪民族天人合一、尊崇自然的传统理念。

△ 图4-36 冬泳健将（方征 供图）
冬季达那达慕其中一项传统运动是游冬泳，一群意志坚毅的冬泳健将准备出发

△ 图4-37 冬季那达慕中的祭火仪式（方征 供图）

三、西北冰雪民族

（一）诺鲁孜节

"诺鲁孜"意思是新的一天，"诺鲁孜节"是个传统节日，是生活在中亚、中东、高加索等地区的人们的文化活动和习俗。他们会在这天穿起新的衣服，互相走访、交换礼物和祝贺。生活在新疆地区、天山山脉地区和帕米尔高原一带柯尔克孜族、哈萨克族、维吾尔族等族群都会庆祝诺鲁孜节，也称"撒拉哈特曼节"。这个节日在柯尔克孜历中的1月10日，即每年春分前后。诺鲁孜节是个世界性节日，历史相当悠久，维吾尔族、乌孜别克族、哈萨克族和柯尔克孜族等一系列突厥语系民族古时都会庆祝这个节日。柯尔克孜牧民会欢庆春天的来临，期待冰川雪水融化，为万物带来新生命。除夕当晚，每家每户牧牛羊回来后，便会在毡房前用草生一个火堆，然后每个人和每只牛羊要跨过火堆，意味着新一年没有灾难和人畜两旺。柯尔克孜族在春节的十几天里都会盛装举办各种活动，如驱邪和祈福等，希望新一年能丰收和平安。他们也会串门拜年，准备丰盛的饭菜，互相祝贺。

▶ 图4-38 诺鲁孜饭
（Ahmad Waleed 摄影，CC BY-SA 4.0, https://commons.wikimedia.org/w/index.php?curid=88583437）
冰雪民族在过诺鲁孜节时，会用七种坚果和水果制作的诺鲁孜饭，这是他们自古以来的习俗

△ 图 4-39 诺鲁孜节期间的活动

（Nowruz Festival, Advantour, https://www.advantour.com/silkroad/nowruz.htm）

哈萨克族在这天会以大米、小米、奶疙瘩、小麦等 7 种坚果和水果制作的诺鲁孜饭，也会出门拜年和制作过年小吃，还会演奏传统乐器"冬不拉"。一些牧民会在新年第一天宰杀一头羊，然后把羊头送给老人，喻意对老人的尊敬和祝愿。维吾尔族的诺鲁孜节，已有 3000 多年历史，这个节日同为古时突厥部族游牧先民每年都欢庆的节日，他们把这个冰雪初融的月份称为"羊羔月"，是万木重生的时节。诺鲁孜节当天，从午夜起便开始打鼓，一直到天亮，次日又从日落开始打鼓至第二天早上太阳升起之时。之后的一天维吾尔族人便会沐浴更衣，吃以多种谷物和肉类制成的诺鲁孜节饭，互相串门祝贺。新的一年到来也意味着旧的恩怨也需抹去，维吾尔人在此时会到曾经与自己发生矛盾或纠纷的人家去串门拜年，互相谅解与和好。另外，诺鲁孜节也需拜祭已故先人，把多种谷物撒在他们坟头上，以示尊敬。

锡伯族的春节与汉族春节相似。锡伯族会在腊月二十三"祭灶"，除夕夜"迎灶"，而除夕年夜饭也几乎包括所有的锡伯传统食品，非常丰富。除夕当天，他们会把族谱拿出来，把家神和族神"喜利妈妈"请来后，便开始祭祀。家中的男丁需带着后辈上山，把祖坟上的积雪打扫干净，向先祖烧纸烧等，回家后需全家在大门前祭祖，才能吃团年饭。午夜子时一到，锡伯人便开始贴红纸和上香祭神，然后全家人穿上新衣服向神位跪拜"接神"，接着便会全家一起吃"元宝"饺子，吃饱后家中男丁要再到寺庙中烧香祭神，他们称这个仪式为"行香","行香"结束后便要回家守岁。年初一早上全家一起吃饺子,然后互相拜年祝贺。锡伯族的春节最主要是祭神上香与对神象跪拜。年初五为"破五",不能互相拜。年初六是他们的"出行日",会全村人出动,向吉位走过去,也有的人会在地上烧香向四方跪拜。

裕固族在农历正月初一要全家一同早起,每人都要手捧清水向毡房和羊圈洒水,意味着洁净和吉祥。他们一大早吃过饺子,便外出拜年,晚上大伙儿会坐在毡房外,围着篝火坐在一起唱歌跳舞。

(二)白雪节

白雪节是维吾尔族在每年初雪后举办的节日活动,又叫"喀尔勒克"。白雪节主要是维吾尔族男性的娱乐活动。每年初雪之后,一些维吾尔人便会联名写一封"雪礼信",内容主要是冬日祝福,然后由一个送信人把信件送到"幸运儿"家中,送信人需要把信件放到幸运儿家中一个不被容易发现的地方。按照习俗,如果在送信人离开之前被幸运儿发现这封雪礼信,那么白雪节晚会就要由送信人举办,否则就由幸运儿举办。白雪节晚会主要是唱歌跳舞、吟诗作对,从前一直是维吾尔族男性的娱乐活动,现时很多女性都会参与,维吾尔人希望在这种活动上,对大雪祈求即将来临的新年能吉祥平安。

四、西南冰雪民族

(一)春节

怒族的春节在每年农历腊月开始,在腊月来临前几天他们便开始制作粑粑、酿酒和杀猪,也需要把家里打扫干净。除夕年夜饭前要举行"那作莫"仪式,把各种饰物放在火塘上的支架,放上3杯酒和3片肉,祈求新一年丰收。怒族的春节期间会举办多种传统活动,如射箭、打秋天等,晚上也会聚首一堂唱歌跳舞。

纳西族春节也是在农历正月初一,在大年初一的早上,要为家中满13岁的女孩和男孩举行穿裙子和穿裤子仪式,家中中央的火塘要燃旺和放满供品，男孩和女孩则站在男柱和女柱旁边，这个仪式是为了祈求先祖保佑小孩健康。以农耕维生的纳西族会在每年正月十五举办传统集市"棒棒会"，进行木棒交易，由于纳西族的农具较多都是木制的，因此，纳西族人每年都会在这一天举行棒棒交流会，选择各式各样的棒棒，也会把自己带来的棒棒摆摊售卖，买回家的棒棒一般能用来制作锄头等的农具。他们在正月二十还要举行"农具会"，他们会在这天到喇嘛教庙会参与仪式，上香祭祀弥勒佛，"农具会"具有悠久历史，古代便有这个仪式，后世发展成在祭祀仪式结束后加入集市。纳西族村民会在每年"农具会"上摆卖各种农具、棒棒、土特产和传统家常小吃等。

"阔时节"是傈僳族的过年，他们过年的时间不一定在正月初一当天，而是靠观察物种和气候而决定的。通常会在农历的十二月到来年正月初。住在云南怒江一带的傈僳族过春节一般都会酿制米酒和制作米粑。他们有个习俗，会把第一桩米粑放一些在梨树或桃树上，祈求新一年家庭幸福和五谷丰收。而除夕夜当晚的团年饭必须要全家一起吃饭，不能有人外出吃饭，不然就是有不好的意头。生活在这里的怒族和傈僳族都认为狗非常有灵性，他们民间流传着古老的传说，认为他们所拥有的谷种是由狗带来的，因此，傈僳族在过年祭祖时，都会给狗准备肉、米粑和米饭，象征回礼。

景颇族生活在多座雪山之间，以农耕维生，降水量的多少间接决定了他们的生活。景颇族的"目脑"是指"大家一起跳舞"，目脑节就是景颇族的过年，景颇人认为"目脑"能驱逐邪恶，而且有好运降临，也代表丰收。景颇族除夕当天，一部分男人会上山狩猎，另一部分会在家里杀猪，而猎物都会均分给所有人，而女人则在家准备团年饭或上山下坝采摘野菜，总之所有人必须在日落前到家。而年轻女孩在春节前一天要去背井水，在凌晨踏入新一年后，需要再背一次，用作比较哪一桶较多，景颇人认为如果"新水"比前一年的多，则新一年的雨天都会更多。因景颇族喜爱在正月初一进行"打靶"比赛，女人会把一些硬币放在小袋子里并挂在十层楼左右高的杆子上，男人会用枪对准硬币袋打，如果有人把硬币袋打下来就代表男人获胜，否则就是女人获胜，而这些硬币最后会用来买食物和酒给大家一起享用。

"卡雀哇"是独龙族的春节，在每年农历11月至12月间，每个独龙族村寨需要通过占卜，选择过节的吉日，节日的长短也不统一。过卡雀哇时，每一家都会互相拜年，也会宰杀牲畜，他们也会使用木刻和邀请函，邀请不同家族的人来招待。每家的妇女都会在卡雀哇首天把新编织好的独龙毯挂在屋杆上，以示迎接节日的来临。到了晚上，男女老少都会围在火塘前饮酒吃肉。卡雀哇的次日，大伙儿会一同祭山，以面粉制成圆锥形象征山神，再制作几个野兽模型围在山神的周边，便可开始仪式，仪式的最后，拿着弓箭的少年要把野兽模型射倒，然后大伙儿一同敲鼓跳舞，预祝新的一年兴旺丰收。

"羌历年"是羌族的春节，又叫"日麦节"，与农历年不一样，羌历年是每年的农历十月初一开始，生活在不同地区的羌历年3天至10天不等。他们庆祝羌历年都是为了庆丰收，每逢羌历年，羌族人都会互相送上祝福和祈求平安健康，是个非常重要的节日。每家人在羌历年都会用面粉制作各种传统食物和祭品，也有一些地区的羌族会在羌历年首天宰羊，以羊血祭神，羊肉则均分给每户人家，男女老少都会唱歌跳舞到不同人的家中拜年敬酒。而羌历年最重要的活动之一是慰牛和祭牛神，因羌族历来便以农耕维生，牛是他们神圣的象征，也是他们家中甚至族中重要的一员，羌历年首天便是牛神的诞辰，因此，羌族会在羌历年首天带上鸡肉和酒到牛王庙祭牛神，因此，一些羌族地区又把羌历年称为"牛王会"。然而，生活在四川阿坝的一部分羌族规则定，若该寨当年有成年人去世便不能过羌历年，只能过农历正月的春节。

"藏历年"是藏族春节的意思，然而，生活在不同地区的藏民，过年的方式会有点不一样。拉萨地区藏族最隆重的传统节日便是藏历年，每年藏历十二月，藏族每家每户都会开始准备过年，他们通常都会预先浸泡青稞种子，在初一那天把已发芽的青稞苗子用作供奉佛祖，祈求新一年丰收。在藏历十二月二十八日，是藏族传统的大扫除，每户人家都会贴上新的年画，在二十九日要把灶房打扫干净，大门和墙壁上要以糌粑粉撒上八宝吉祥画像"扎西达杰"，除夕晚需盛装为佛像摆放各式各样的传统食品。拉萨地区的藏民在藏历初一那天，每家都要派一名代表到河边背水，这桶水是藏族的吉祥水，然后全家要换上新服装，分享吉祥饭。由长辈把放着糌粑、麦粒、青稞、酥油花等的木盒"切玛"拿出来，每人需要在盒子中拿一些撒向天上，向神致敬，然后自己也要吃一点。在大年初一这天，拉萨的藏民要与家人聚在一起举行不同的祭祀奉神仪式，初二起才会开始互相走访拜年。

然而，安多地区藏族和康巴地区草地藏族的藏历年与拉萨地区的藏历年并不一样。他们是以农历正月初一为藏历年的。其中，安多地区的藏民在农历正月大年初一的清早，便会上山煨桑，是崇敬山神的意思，当地俗称"拉则"，新一年第一次的"拉则"非常重要。"拉则"过后便回家吃饭和互相祝福。值得一提的是，安多藏民会在大年初一这天外出拜年，但却不能背水和扫地。康巴地区的草地藏族也会在农历正月初一过年，初一那天，每家每户的女主人都要到河边背水，还要在水中放一些鲜奶，全家人要用她背回来的水洗脸漱口，之后要点上柏香，向神祈求新的一年人畜平安和丰盛。年初一至年初三通常都是村寨举办各种活动，年初四开始大家开始互相拜年。

而康巴地区的嘉绒藏族则与其他3个区域的藏民的过年时间又不一样。嘉绒藏族主要居住在小金藏区、党坝地区和土司区，他们过年的时间分别为每年的12月13日、11月13日和10月13日与12月13日，虽然过年的日期不同，但他们的过年食品基本是相同的。而康区的嘉绒藏族也通常会在他们的藏历年过火把节，每人都拿起一个火把，一个一个排成长龙在田野和山寨间游走，意味着驱除晦气，祈求新的一年吉祥平安。

(二) 雪顿节

藏历每年七月初一至初五是雪顿节，藏族的雪顿节中，"雪"即

▷ 图4-40
雪顿节期间表演的藏戏
（John E. Hill 摄影，CC BY 2.5, https://commons.wikimedia.org/w/index.php?curid=1622221）

酸奶的意思，"顿"即奉献的意思，顾名思义，雪顿节就是藏族奉献酸奶的日子。因为佛教忌讳杀生，而每年藏历6月至7月期间，喇嘛都在寺院静修，不会外出，因此信徒们会把牛奶发酵成酸奶，用作向喇嘛致敬。雪顿节期间会举办隆重盛大的藏戏和晒佛仪式，因此藏族也会把雪顿节称为藏戏节或晒佛节。每年的6月或7月起，青藏高原开始变暖，动物都会在此时外出活动，藏族民间流传佛祖释迦牟尼为免伤害心灵，规定喇嘛在每年藏历6月至7月期间不得外出，因此在解封后，藏民都需要拿出酸奶向喇嘛供奉，以表敬意，同时也会在寺庙中欢庆节日，拉萨的哲蚌寺是雪顿节的活动中心，所以节日被称"哲蚌雪顿"。

（三）转山

藏族的山神崇拜仪式一般分为叠玛尼堆、煨桑和转山三种。其中，藏区盛行的转山活动，顾名思义就是绕行雪山一圈，一年四季无论任何时节，非常多藏族人民都会参加这个仪式，藏语称这种仪式为"廓拉"。特别在藏历马年时围绕着山行一周（大概50公里）就相等于平时转山13周。藏族族人民通过转山来表达虔诚，他们围绕着山，边步行边磕头。

一般藏族人民会到离自己居住较近的神山进行转山，而且会定期转山，因为这象征着他们有坚定的意志和虔诚的内心。也有一些藏

△ 图 4-41 转山

藏族民间认为，绕山一圈可清除一生罪孽，绕十圈可在五百次轮回中免遭地狱之苦，绕百圈可成佛，若不幸在山中去世也不用难过，因为这是一种造化，转山者的灵魂会获得解脱与升

华。对藏民来说，转山能获得精神上的满足，而转山中也能获得各种感悟和体验，尤其一些人在大雪纷飞的环境下转山，需要更坚毅的意志，但这些对藏人来说都是幸福和快乐（Stan Adam 摄影，Public domain, https://flic.kr/p/2gc6qA6）

族人民会到较出名的神山进行转山,如五台山、墨尔多山等,不时都能看见转山者的踪影。虔诚的转山者以"五体投地"的方式向山神致敬,他们先高举双手,然后慢慢收回胸前,再全身跪地,双臂伸直,前额轻碰地面,然后站起来,再向前迈一大步,然后再重复这套动作。这种顶礼膜拜表达了人们的虔诚和坚持,他们希望可以以自己的血肉之躯向神山做出奉献,他们信念坚定,认为山神一定会守护他们的家园。除了神山,藏族人民还会绕着佛塔、寺院,或是所有他们认为神圣的地方行走,这是一种藏民表达修行和朝圣的形式。

后 记

由于不同民族有复杂的地理分布及其文化积累,加上"民族"在历史上是一个过程性的概念,导致书中所选择的文化事项远远不能涵盖和代表所有冰雪民族及其冰雪文化特点。因此,本书只能从冰雪民族的生产、服饰、居住、饮食、体育娱乐和节庆活动方面,以"拾零"方式尽可能展现中国冰雪文化。

能完成此书,非常感谢恩师张小军教授的耐心指导、方征教授给予的建议。另外,感谢提供图片使用权的韩连赟老师、方征老师、许雪莲老师、曹保明老师、《呼伦贝尔摄影》杂志、台北故宫博物院等,以及一众来自世界各地的网友,感谢他们让笔者能依照版权使用这些图片,为"拾零"增添更多的色彩。

萧泳红

2022 年 7 月 13 日